Ein herzliches
Gedenken
an jahrelange
eucharistisch-
marianische
Gemeinsamkeit
in Altann von
Ihrem Decani P.
Alois Gueter
31. Juli 2006

Das durchbohrte Herz

Umschlagseite: Gekreuzigter (Detail),
von Martin Rainer 1989, Pfarrhauskapelle Gries

Umschlagrückseite: Herz-Jesu-Emblem
nach Margareta Maria Alacoque, 17. Jahrhundert

Die Drucklegung dieses Buches
wurde gefördert durch die Südtiroler Landesregierung
Assessorat für Unterricht und Kultur

1996
Alle Rechte vorbehalten
© by Verlagsanstalt Athesia Ges.m.b.H., Bozen
Gesamtherstellung: Athesiadruck, Bozen
ISBN 88-7014-879-3

Das durchbohrte Herz

Gedanken aus Theologie, Geschichte und Kunst
zur 200-Jahr-Feier des Herz-Jesu-Gelöbnisses

WILHELM EGGER
LOTHAR LIES SJ
JOSEF GELMI
LEO ANDERGASSEN

Herausgegeben vom Katholischen Bildungswerk
der Diözese Bozen-Brixen

Zweite Auflage

VERLAGSANSTALT ATHESIA · BOZEN

Inhaltsverzeichnis

Vorwort 7

Bei dir ist die Quelle des Lebens 9
Hirtenbrief von Bischof Wilhelm Egger zur 200-Jahr-Feier des Herz-Jesu-Gelöbnisses . . 9

WILHELM EGGER
Der Weg zu den Quellen. Biblische Texte zur Herz-Jesu-Verehrung 17
    I. Wasser aus dem Felsen 18
    II. Im Tod ist das Leben 24
    III. Eine Quelle lebendigen Wassers 29
    IV. Lasten tragen und mittragen 33
    V. Auf den Gekreuzigten blicken 37

LOTHAR LIES SJ
Gottes Herz für die Menschen. Zur Theologie der Herz-Jesu-Verehrung . . . 43
Vorbemerkung 43
Herz Jesu: Gottes Herz für die Menschen 44
Verkitschtes Herz Jesu: Entwürdigung Gottes und des Menschen 55
Herz Jesu: Symbol für falsche und wahre Sühne 64

JOSEF GELMI
Das Herz Jesu zwischen Religion und Politik. Die Herz-Jesu-Verehrung
in der Kirchengeschichte und in der Geschichte Tirols 73
Die Herz-Jesu-Verehrung in der Geschichte der Kirche 73
»Fons vitae«: Die Herz-Jesu-Verehrung bei den Vätern und im Mittelalter . . . 73
Die entscheidende Rolle der hl. Margareta Maria Alacoque im 17. Jahrhundert . . 74
Die Legitimierung der Herz-Jesu-Verehrung im 18. Jahrhundert 74
Das 19. Jahrhundert: das Jahrhundert der Herz-Jesu-Verehrung 76
Die besondere Förderung durch Pius XI. 80
Einwände und Förderung unter Pius XII. 80
Das Schwinden der Herz-Jesu-Verehrung 82
Die Herz-Jesu-Verehrung in der Geschichte Tirols 83
Der Beginn der Herz-Jesu-Verehrung im Laufe des Mittelalters 83
Die Herz-Jesu-Verehrung in der Zeit der katholischen Erneuerung im
16. und 17. Jahrhundert 84

Starker Auftrieb der Herz-Jesu-Verehrung durch die Volksmissionen im 18. Jahrhundert	85
Der Kampf des Josephinismus gegen die Herz-Jesu-Verehrung	86
Das Herz-Jesu-Gelübde im Jahre 1796	89
Das Herz Jesu und die Schlacht von Spinges im Jahre 1797	93
Andreas Hofer und das Herz Jesu im Jahre 1809	94
Das achtzigste Jubiläum des Herz-Jesu-Bundes im Jahre 1876 zur Zeit des Tiroler Kulturkampfes	96
Die grandiose Bundeserneuerung im Jahre 1896	96
Die bescheidene Bundeserneuerung im Luftschutzkeller des Marieninternates in Bozen im Jahre 1944	98
Der Einsatz für die Selbstbestimmung 1946	100
Die Richtlinien der Konferenz von Stilfes	101
Die Bedenken der Südtiroler Volkspartei und das Verbot aus Trient	102
Die Haltung des Klerus des deutschen Anteiles	104
Die Massenwallfahrten	106
Kritische Gedanken zur Herz-Jesu-Jubelfeier 1946	107
Der würdige Verlauf der Jubelfeier vom 30. Juni 1946	108
Der Herz-Jesu-Zyklus von Max Weiler	109
Die Feuernacht am Herz-Jesu-Sonntag 1961	110
Die Vorbereitungen für die 200-Jahr-Feier	112

LEO ANDERGASSEN
Christusbild mit Herz. Zur Darstellung des Herzens Jesu in der Tiroler Kunst . . 123

Zur Darstellung des Herzens Jesu in den Passionsdarstellungen in Mittelalter und früher Neuzeit	123
Der Einfluß der Visionen der hl. Margareta Maria Alacoque auf die Herz-Jesu-Darstellung	134
Pompeo Batonis Herz-Jesu-Bilder in Rom und Innsbruck	139
Karl Henricis Herz-Jesu-Bild in Bozen und seine Nachfolge	144
Herz Jesu und Eucharistie	147
Das 19. Jahrhundert	154
Ikonographische Aspekte des Tiroler Gelöbnisses	164
Die Herz-Jesu-Darstellung heute	166

Vorwort

Großen Worten gegenüber sind wir mißtrauisch geworden – zuviel wurden sie in den Mund genommen, zu oft für die verschiedensten Zwecke gebraucht. Manche dieser Worte können wir gar nicht mehr hören; sie wurden und werden sogar soweit mißbraucht, daß tiefe Ursymbole zu billigen und sentimentalen Floskeln verkümmern. Dies trifft wohl auch auf das Wort »Herz« zu: viel gebraucht in unserer Sprache, schamlos vermarktet von der Schlagerindustrie bis zur Regenbogenpresse, der Wortinflation zum Opfer gefallen. Und doch ist es eines der Ursymbole, das vor der geistigen Entleerung zu schützen und sorgsam vor der Verflachung zu bewahren ist, wenn menschliches Leben nicht noch mehr verarmen und sein tiefer Sinn nicht noch mehr verdunkelt werden sollen.

Wenn wir vom »Herzen« reden, so stellt sich uns die Frage, ob wir die Ganzheit des Lebens noch sehen und in unserem Tun verwirklichen. Denn vielfach haben wir tatsächlich das Leben in verschiedene Bereiche aufgeteilt und akzeptieren dieses »Auseinandergerissensein«, das für viele sogar zu einem fragwürdigen Schutz geworden ist: »öffentlicher« und »privater« Bereich, »sachliche« und »gefühlsmäßige« Ebene. Von Schaffenskraft, Intelligenz, Aktivität, Können werden Sympathie und Antipathie, Gefühle, Träume, Hoffnungen und Verbitterungen meist ausgespart.

Im alten Land Tirol hat dieses Ursymbol des Herzens eine zusätzliche Dimension erhalten. Die Herz-Jesu-Verehrung, die im 18. Jahrhundert sehr verbreitet worden war, wurde durch das Gelöbnis der Tiroler Landstände vom 1. Juni 1796 eng mit der Schicksalsgeschichte des Landes an Eisack, Etsch und Inn verknüpft.

Das 200-Jahr-Gedächtnis des Herz-Jesu-Gelöbnisses regt deshalb auch an, aus der Besinnung auf die geistig-geistliche und kulturelle *Herkunft* die Kraft zu finden, um eine lebenswerte, für alle Menschen offene *Zukunft* zu gestalten – eine Zukunft, die den Menschen in seiner Ganzheit wahrnimmt und ihn zu einem »Menschsein in Verantwortung« befähigt.

Aus diesem Grund hat das Katholische Bildungswerk der Diözese Bozen-Brixen das 200-Jahr-Jubiläum des Herz-Jesu-Gelöbnisses zum Anlaß genommen, in Zusammenarbeit mit dem Katholischen Bildungswerk der Diözese Innsbruck eine Referentenausbildung zu planen. In diesem Zusammenhang hat sich die Herausgabe dieses vorliegenden Buches ergeben, das durch seine Beiträge aus Theologie, Geschichte und Kunst zu einer vertiefenden Auseinandersetzung und zu einem fruchtbaren Dialog anregen will.

Wilhelm Egger, Bischof der Diözese Bozen-Brixen, führt in seinem Beitrag als Exeget zu vertieftem Verständnis jener Bibelstellen, die in der Herz-Jesu-Verehrung bedeutsam sind. Lothar Lies SJ, Professor für Dogmatik und ökumenische Theologie an der Universität Innsbruck, versucht die verschiedenen Formen einer Herz-Jesu-Frömmigkeit, die durch die verschiedenen Zeitumstände beeinflußt ist, in die Herzmitte des christlichen Glaubens zu rücken, um damit auch jenen, die sich schwer tun, einen Zugang zu eröffnen. Den konkreten geschichtlichen Ort sowie die verschiedenen Auswirkungen und die zeitbedingten Herausforderungen der Herz-Jesu-Verehrung stellt Josef Gelmi, Professor für Kirchengeschichte an der Philosophisch-Theologischen Hochschule Brixen, dar. Welche Entwicklungen und Antworten auf die verschiedenen geschichtlichen Herausforderungen im Laufe der letzten zweihundert Jahre gefunden wurden, kann auch durch die aufmerksame Wahrnehmung der Ikonographie des »Christusbildes mit Herz« dargestellt werden, wie Leo Andergassen, Kunsthistoriker, in seinem Beitrag aufzeigt. Die im Buch getroffene Bildauswahl beabsichtigt in diesem Zusammenhang einen typologischen Querschnitt der Herz-Jesu-Darstellungen in Tirol zu geben.

All jenen, die das Erscheinen dieser Publikation unterstützt und begleitet haben, sei an dieser Stelle aufrichtig gedankt: Mein ganz besonderer Dank gebührt den Autoren für ihre Bereitschaft zur Mitarbeit. Für die Bibeltexte in den Bildunterschriften hat Seelsorgeamtsleiter Michael Mitterhofer die Auswahl getroffen. Herzlich danken möchte ich auch P. Kurt Egger OFM Cap für seine wertvollen Ratschläge. Gedankt sei außerdem dem Verlag Athesia für die Mithilfe bei der Drucklegung des Buches. Aufrichtiger Dank der Südtiroler Landesregierung, Assessorat für Schule und Kultur, für die Gewährung eines Druckkostenbeitrages. Dank gilt auch all jenen, die durch Entgegenkommen das Abbildungsmaterial zur Verfügung gestellt haben.

Claudia Santer
Leiterin des Katholischen Bildungswerkes

Bozen, im September 1995

»Bei dir ist die Quelle des Lebens«

Hirtenbrief von Bischof Wilhelm Egger zur 200-Jahr-Feier des Herz-Jesu-Gelöbnisses

Vor zweihundert Jahren, am 1. Juni 1796, hat der Ausschuß der Tiroler Landstände, zu denen auch die Vertreter des Hochstiftes Trient und einiger Trentiner Orte gehörten, das Versprechen abgelegt, das Herz-Jesu-Fest feierlich zu begehen. In einer aussichtslosen Situation wurde Gott als Helfer und Beistand angerufen, wurde Gottes Schutz für die Heimat erfleht. Die Erinnerung an dieses Versprechen soll uns zur Erneuerung und Vertiefung des Glaubens an Jesus Christus führen.

Die Überschrift dieses Hirtenbriefes erinnert an eine Erfahrung des Volkes Gottes: Auf dem Weg durch die Wüste sorgt Gott für das dürstende Volk Israel, er läßt Wasser aus dem Felsen strömen (Ex 17,1–7). Nach der jüdischen Überlieferung hat dieser wasserspendende Felsen das Volk auf seinem Wüstenweg begleitet. Der hl. Paulus sieht im lebenspendenden Felsen, der das Volk begleitet, Jesus Christus. Die Menschen können in ihm die Quelle des Lebens finden.

1. Der Sinn des Herz-Jesu-Jahres

Die Erinnerung an Ereignisse der Vergangenheit, ob sie nun in einem Dorf, in einem Land oder in einer Diözese gefeiert werden, läßt die Geschichte lebendig werden. In unserer schnellebigen Zeit kommen Jubiläen dem Wunsch nach Dauerhaftem entgegen; sie sind auch Anstoß für einen kritischen und selbstkritischen Rückblick. Für religiöse Menschen sind Jubiläen auch ein Anlaß zum Dank an Gott und sie laden ein zur Besinnung auf die christliche Berufung und auf die Aufgaben für die Zukunft.

1.1 Das Herz-Jesu-Gelöbnis von 1796: Eine Bitte um Gottes Hilfe in bedrängter Zeit

Im Versprechen, die Herz-Jesu-Verehrung in einer ganz bestimmten Form zu fördern, war der Wille ausgedrückt, das Leben der Menschen und der Gesellschaft vom Glauben her zu gestalten. Die Tiroler Landstände wählten eine Frömmigkeitsform, die – wie die Darstellung in Mellaun bei Brixen aus dem Jahr 1464 zeigt – weit zurückreicht und die vor allem seit dem 17. Jahrhundert gepflegt wurde. Durch das Wirken des hl. Johannes Eudes und der hl. Margareta Maria Alacoque fand sie weite Verbreitung in verschiedenen Ländern.

1.2 Die Herz-Jesu-Gedächtnisfeier im Jahr 1996:
Anlaß zur Besinnung auf die Werte des Glaubens

Das Versprechen, das die Vorfahren für »ewige Zeiten« gegeben haben, muß auch uns Verpflichtung sein. Die Feier des Jubiläums ist für unsere Diözese ein Geschenk, aber auch eine Herausforderung, denn seit 1796 hat sich vieles verändert. Wir leben heute in einer pluralistischen Gesellschaft, in der religiöse Werte nicht von allen gleichermaßen mitgetragen werden. Die Gedächtnisfeier lädt uns ein zur Besinnung auf jene Werte, um die es in der Herz-Jesu-Verehrung im Grunde geht: Glaube, Nächstenliebe und Solidarität, Förderung des Lebens, Sorge für die Zukunft der Heimat. Und solche Besinnung kann ein Beitrag sein zu einer lebens- und menschenfreundlichen Gestaltung unseres Landes im Herzen Europas.

Das Gelöbnis von 1796 war Ausdruck des Willens, das Leben der Menschen und der Gesellschaft vom Glauben her zu gestalten. Dies ist auch heute eine große Aufgabe. Dabei darf einerseits der politische Aspekt der Herz-Jesu-Verehrung gegenüber dem religiösen Gehalt nicht überbetont werden; andererseits ist eine allzu private, gefühlsbetonte Frömmigkeit zu vermeiden.

Die Herz-Jesu-Verehrung hat im Laufe der Zeit verschiedene Ausdrucksformen gefunden. Die äußeren Zeichen der Verehrung müssen helfen, den Glauben zu vertiefen, sie müssen dem Evangelium und einem Leben aus dem Glauben entsprechen und dürfen nicht vom Wesentlichen ablenken.

Gedächtnisfeiern können Menschen zusammenführen. Die Besinnung auf die religiösen und menschlichen Werte kann den drei Volks- und Sprachgruppen in unserem Lande helfen, die verbindenden und gemeinsamen Elemente zu entdecken, den Dialog zu fördern und die Eigenart der anderen zu achten.

2. Herz Jesu – Symbol der Sorge Gottes für die Menschen
(Theologie der Herz-Jesu-Verehrung)

Das Symbol des geöffneten Herzens Jesu faßt anschaulich die wichtigsten Heilsgeheimnisse zusammen: Das geöffnete Herz Jesu weist hin auf die Sorge Gottes für die Menschen, die auf der Suche sind nach gelungenem Leben; es weist hin auf Tod und Auferstehung Jesu, auf die Güte und Menschenfreundlichkeit Gottes, auf die Sakramente als Gaben Gottes, auf unsere soziale Verantwortung. Die Besinnung auf das Herz Jesu führt hin zu den zentralen Inhalten des Glaubens. Die folgenden Bibelstellen können uns die im Bild des Herzens Jesu ausgedrückte Heilswirklichkeit erschließen.

»Schlag an den Felsen. Es wird Wasser herauskommen« (Ex 17,6).

Gott begleitet die Israeliten auf ihrem Weg durch die Wüste. Die Menschen brauchen Brot und Wasser. Gott sorgt für sie, indem er in der Wüste Quellen fließen läßt.

Mose schlägt mit seinem Stab an den Felsen. Wasser fließt heraus, und das Volk kann trinken (Ex 17,1–7). Das Herz Jesu ist die Quelle, aus der das lebendige Wasser fließt (vgl. Joh 19; 1 Kor 10). Für die Samariterin, die am Jakobsbrunnen Wasser holen will, wird Jesus zur Quelle lebendigen Wassers (Joh 4).

»... und sogleich floß Blut und Wasser heraus« (Joh 19,31–37).

Im Tod Jesu erfüllen sich nach dem Zeugnis des Johannesevangeliums alttestamentliche Vorbilder: Wie man am Osterlamm kein Bein zerbrechen sollte, so wurden auch die Gebeine Jesu nicht zerschlagen. Jesus wird als das Osterlamm dargestellt, das den Menschen Heil bringt.

Blut und Wasser, die aus der geöffneten Seite fließen, sind Symbole für die Sakramente der Taufe und der Eucharistie. Die Kirchenväter sehen in diesem Geschehen überdies den Ursprung der Kirche: »Wie Eva aus der Seite des schlafenden Adam geformt wurde, so ist die Kirche aus dem durchbohrten Herzen des am Kreuz gestorbenen Christus geboren« (Ambrosius).

»Aus seinem Inneren werden Ströme von lebendigem Wasser fließen« (Joh 7,38).

Jesus verheißt, daß aus seinem Inneren Ströme lebendigen Wassers fließen werden: »Damit meinte er den Geist, den alle empfangen sollten, die an ihn glauben; denn der Geist war noch nicht gegeben, weil Jesus noch nicht verherrlicht war« (Joh 7,39). Sobald nun Jesus durch Kreuz und Auferstehung verherrlicht ist, schenkt er den Jüngern den Heiligen Geist (Joh 20,22).

»Kommt alle zu mir, ... ich werde euch Ruhe verschaffen« (Mt 11,28).

Das Herz Jesu ist das Zeichen der Güte und Menschenfreundlichkeit Gottes. Die geöffnete Seite ist auch Symbol für all das, was Jesus während seines irdischen Lebens geoffenbart und gewirkt hat: Gott hat ein Herz für die Menschen (Mt 11, 28–30). Die Herz-Jesu-Verehrung hat geholfen, ein strenges, düsteres Christusbild zu überwinden. In einer Zeit, in der Grenzen fallen, in der aber auch neue Grenzen aufgerichtet werden, ist das offene Herz Jesu ein Symbol für die Aufgabe der Christen, ein Herz zu haben für die Menschen, einander anzunehmen und aufzunehmen.

»Sie werden auf den blicken, den sie durchbohrt haben« (Sach 12,10).

In unserer Kultur, die von Bildern und vom Schauen geprägt ist, lenkt die Herz-Jesu-Verehrung den Blick auf Jesus Christus. Der Evangelist Johannes sieht in der geöffneten Seite die Verheißung des Propheten Sacharja erfüllt: »Sie werden auf den blicken, den sie durchbohrt haben« (Sach 12,10). Der Prophet verheißt, daß sich die Bewohner von Jerusalem voll Reue zu Jahwe bekehren werden. Sie, die durch ihre Untreue Gott bis ins Herz getroffen haben, werden sich in Zukunft zur Treue entschließen und ihren Blick auf ihn richten.

Der Blick auf den Gekreuzigten führt zu einer schauenden und verweilenden Frömmigkeit. In einer Zeit, in der Menschen auch im Religiösen eine schnelle

Befriedigung ihrer Bedürfnisse wünschen, ist es wichtig, sich bewußt Zeit zu nehmen und in der Betrachtung der göttlichen Geheimnisse zu verweilen.

»Durch seine Wunden sind wir geheilt« (Jes 53,4–5).

Ein ursprüngliches Anliegen der Herz-Jesu-Verehrung liegt im Gedanken der Sühne: »Er hat unsere Krankheit getragen ... durch seine Wunden sind wir geheilt.« Jesus nimmt Anteil an den Leiden der Menschheit, er trägt sie mit. Er wird mit uns solidarisch und nimmt unsere Schuld auf sich. An dieser Stellvertretung Jesu sollen die Menschen teilnehmen. Dieser Gedanke kann auch heute noch verstanden werden: In einer Zeit, in der Menschenleben oft mit Füßen getreten und die Welt verwüstet wird, braucht es Menschen, die »gutmachen«, was angerichtet wurde; es braucht Menschen, die dazu beitragen, daß die Welt in Ordnung kommt, daß die Beziehungen zwischen Gott und den Menschen und untereinander heil werden. Dieses Wiedergutmachen geschieht durch das fürbittende Gebet, durch stellvertretendes Leiden, durch gelebtes Zeugnis, durch tatkräftigen solidarischen Einsatz.

3. Pastorale Schwerpunkte und Initiativen für ein Jahr des Glaubens

Wie sehr prägt unser Glaube das persönliche, familiäre und gesellschaftliche Leben? Das Jubiläumsjahr soll zu einer Standortbestimmung für uns persönlich, für die kirchliche Gemeinschaft und für die Gesellschaft werden und zur Erneuerung führen: Wir sind eingeladen, unser Leben vom Glauben her zu gestalten, und dies hat dann auch Auswirkungen im gesellschaftspolitischen und sozialen Bereich. Die Werte, die das Evangelium vorlegt, führen uns als einzelne und als Gesellschaft zu einem gelungenen Leben.

Im folgenden nenne ich Möglichkeiten für eine solche Standortbestimmung, die vor allem die Formen der Seelsorge im Lauf des Kirchenjahres betreffen.

3.1 Entscheidung für Jesus Christus

Das wichtigste Anliegen ist die erneute Entscheidung für Jesus Christus und für die Werte des Glaubens. Dies war wohl auch das vorrangige Anliegen derer, die vor zweihundert Jahren das Gelöbnis abgelegt haben. Sie wollten die Heimat vor glaubensfeindlichen Mächten bewahren und haben sich unter den Schutz Gottes gestellt.

Persönliche Aneignung des Glaubens

Angesichts der vielen Botschaften und Sinnangebote, die an uns herangetragen werden, reicht ein Glaube, der sich bloß auf Tradition stützt, nicht aus. Es braucht die persönliche Aneignung des Glaubens, den Willen, Jesus Christus kennenzulernen. Seine Botschaft und sein Leben zeigen uns, wie das Leben gelingen und eine versöhnte Gemeinschaft entstehen können. Damit der Glaube Früchte tragen kann, müssen wir ihn zunächst einmal kennenlernen.

Die Vertiefung in das Geheimnis Jesu soll vor allem anhand der biblischen Texte geschehen, die in diesem Hirtenbrief angeführt sind. Anlässe zu Verkündigung und Vertiefung des Glaubens können das Vierzigstündige Gebet sein, Gebets- und Glaubenswochen, die Feier der Herz-Jesu-Freitage als Hinführung auf den Sonntag, Bußandachten (besonders in der Fastenzeit), kleine Gruppen, die sich zum Schriftgespräch zusammenfinden.

Erneuerung des Taufversprechens

Wir werden im Glauben und im christlichen Leben bestärkt, wenn wir uns bei gewissen Anlässen ausdrücklich und auch gemeinsam zu unserem Glauben bekennen, z. B. in der Erneuerung des Taufversprechens.

Ich bitte die Pfarrgemeinden, der Erneuerung des Taufversprechens ein besonderes Augenmerk zu schenken. Sie wird jedes Jahr in der Osternacht vollzogen; darüber hinaus soll sie am Herz-Jesu-Sonntag 1996 ein wesentliches Element der Feier bilden. Damit die Erneuerung des Taufversprechens bewußt geschieht, bitte ich, die Fastenzeit dem Sinn der liturgischen Zeit entsprechend zu begehen, als Zeit der Tauferinnerung, der Umkehr, der Nächstenliebe (vgl. die Evangelienabschnitte zu den Fastensonntagen im Lesejahr A).

3.2 Ein offenes Herz für die Menschen

Das durchbohrte Herz Jesu soll uns auch an die gebrochenen Herzen vieler Menschen erinnern. Das Gedächtnisjahr erfüllt seinen Sinn, wenn wir ein offenes Herz und eine offene Hand haben für die Mitmenschen, wenn wir anderen Liebe und Raum gewähren. Aufmerksamkeit, Großherzigkeit und die Bereitschaft zur Aufnahme sind von uns gefordert, besonders gegenüber psychisch Kranken, Einwanderern, Zigeunern, Obdachlosen, Drogenabhängigen, Aidskranken.

Ob wir ein offenes Herz für die Menschen haben, zeigt sich auch in unserem Reden. Es ist Aufgabe der kirchlichen Gemeinschaft, das Bewußtsein für die Werte, die Leben fördern, wachzuhalten und die Diskussion über die Grundwerte nicht verstummen zu lassen. Das Gespräch darüber soll auf Diözesan-, Dekanats- und Pfarrebene geschehen.

Ein bleibendes Erinnerungszeichen an dieses Gedächtnisjahr soll ein Heim für obdachlose Frauen in Bozen sein. Ich bitte um die finanzielle Unterstützung für dieses Vorhaben, aber noch mehr bitte ich um die innere Zustimmung und um die für eine solche Einrichtung notwendige freiwillige Mitarbeit.

3.3 Heiligung von Räumen und Zeiten

Unser Land ist geprägt durch viele Zeichen des Glaubens und ein reiches religiöses Brauchtum. Ausdruck dafür sind z. B. die vielen Kirchen, Kapellen und Wegkreuze sowie der Herrgottswinkel in den Wohnungen. Vielen Menschen ist die Pflege der religiösen Zeichen auch heute noch ein Anliegen. Dabei ist entscheidend, daß Kirchen und religiöse Denkmäler ihrer ursprünglichen Zielsetzung dienen: Kirchen sind vor allem bedeutsam durch die lebendige Gemeinschaft, die sich in ihnen versammelt.

Gedächtnisfeiern sind immer auch Äußerungen des Lebens. Durch Jahrhunderte war der Rhythmus des Lebens durch die Feiern des Lebens und des Glaubens geprägt: die Zeiten des Gebetes in der Familie, die Pflege des Sonntags und der Feiertage. Dieser Rhythmus ist im Umbruch. Besonders der Sonntag scheint seine ursprüngliche Bedeutung immer mehr zu verlieren. Sein Schutz braucht, besonders was die Arbeitszeiten und die Öffnung der Geschäfte betrifft, den Einsatz aller.

3.4 Feiern zum Jubiläum

Das Gedächtnisjahr wird begangen in Verkündigung und Feier, im Dienst an den Menschen.

Verkündigung und Feier geschehen vor allem im Verlauf des Kirchenjahres: in der Fasten- und Osterzeit; in der Gestaltung der Herz-Jesu-Freitage als Hinführung zum Geheimnis von Tod und Auferstehung; dann auch in der Weihe der Familie an das Herz Jesu; in einer Einkehr in der Herz-Jesu-Kirche in Bozen, die der »ewigen Anbetung« dient, und in anderen Herz-Jesu-Kirchen.

Das Jahr soll Impulse geben für den persönlichen und gemeinschaftlichen sozialen Einsatz. Die Pfarrgemeinden bitte ich, im Sinn der genannten Schwerpunkte Initiativen auf Ortsebene zu ergreifen. Einen ersten Akzent setze ich heute, am liturgischen Herz-Jesu-Fest, durch die Teilnahme am Gottesdienst und an der Prozession im Jesuheim in Girlan.

Herz-Jesu-Sonntag am 16. Juni 1996

Die Feier des Herz-Jesu-Sonntags am 16. Juni 1996 soll im urprünglichen Sinn des Gelöbnisses ihr Hauptgewicht in den Pfarreien haben und dort als Glaubensfest gefeiert werden. In dieser Feier soll der Erneuerung des Taufversprechens ein besonderer Platz eingeräumt werden. Die Prozession soll zum Ausdruck bringen, daß wir gemeinsam als Volk Gottes unterwegs sind zur Quelle des Lebens; sie soll unseren Glauben sichtbar machen und ihn in die Gesellschaft hinein wirksam werden lassen. Die Eucharistiefeier in der Dompfarre Maria Himmelfahrt in Bozen, in der das historische Herz-Jesu-Bild aufbewahrt ist, wird den besonderen Akzent einer gemeinsamen Feier der Angehörigen der drei Volks- und Sprachgruppen haben. Diese Feier soll den gemeinsamen Glauben, der alle Christen verbindet, bestärken und den Willen zur gemeinsamen Bewältigung der Zukunft ausdrücken.

Feierlicher Gottesdienst im Dom in Bozen am 1. Juni 1996

Das Versprechen, den Herz-Jesu-Sonntag zu feiern, wurde vor zweihundert Jahren durch den Ausschuß der Tiroler Landstände gegeben; es betrifft somit auch die Verantwortlichen in Politik und Gesellschaft. Die Landesregierungen von Südtirol, des Landes Tirol und des Trentino planen für den 1. Juni 1996 eine Festsitzung in Bozen. Die Teilnehmerinnen und Teilnehmer an dieser Sitzung, die Vertreter der Talschaften und alle Gläubigen lade ich bei dieser Gelegenheit zu einem feierlichen Wortgottesdienst in den Bozner Dom ein.

Schluß

Die Sorge um die Zukunft unseres Landes – und darüber hinaus um die Zukunft der Menschheit – bedrängt uns. Wir überlegen, wie wir die Welt gestalten sollen und können, damit uns und unseren Nachkommen eine lebensfördernde Zukunft möglich ist. Dazu braucht es Entwürfe und Visionen. Es braucht allerdings auch die Kraft, diesen Entschlüssen und Plänen treu zu bleiben. Wenn wir das Herz Jesu betrachten und uns von der Sorge Gottes für die Menschen bewegen lassen, werden wir Wege finden, damit unsere tiefsten Erwartungen nach Frieden, Gemeinschaft und Glück erfüllt werden können.

Möge das Jubiläumsjahr ein Jahr des Heiles sein!

Wilhelm Egger, Bischof

Fest des Heiligsten Herzens Jesu, 23. Juni 1995

Der Weg zu den Quellen
Biblische Texte zur Herz-Jesu-Verehrung

von Wilhelm Egger, Bischof von Bozen-Brixen

Auf vielfältige Weise suchen wir Wege zu einem gelungenen Leben. Manchmal wissen wir, zu welchen Quellen wir streben, die Ziele des gelungenen Lebens sind uns klar; manchmal suchen wir unbewußt. Das biblische Bild vom »Weg zu den Quellen des Lebens« kann ein Sinnbild menschlichen Lebens sein.

Die im folgenden besprochenen biblischen Texte möchten uns auf der Suche nach den Quellen des Lebens helfen. Sie weisen auf die Quellen hin, die Gott für uns fließen läßt; sie zeigen Wege zu diesen Quellen. Das Symbol der Quelle und des Wassers findet sich auf vielen Seiten der Heiligen Schrift; es wird auch verwendet, um uns das Geheimnis Jesu zu erklären: Jesus ist die Quelle, aus der das lebendige Wasser strömt; vor allem gilt dies von der geöffneten Seite und vom Herzen Jesu.

Jeder von uns hat seine Erfahrungen mit dem Herzen: Manchmal liegt uns etwas schwer auf dem Herzen, manchmal fällt uns ein Stein vom Herzen, wir haben unser Herz an jemanden oder an etwas gehängt, wir tragen jemanden im Herzen, manchmal haben wir den Eindruck, jemand habe kein Herz. Zu manchen Zeiten ist unser Herz mehr bewegt als in anderen Zeiten. In diesen Redewendungen, die auch im Alltag verwendet werden, kommt Wesentliches unseres Menschseins zum Ausdruck. Wir haben eine innere Mitte, wir stehen in Beziehungen.

Die Heilige Schrift sagt ähnliches vom Herzen: das Herz ist die Mitte des Menschen; vom Herzen her werden Beziehungen aufgebaut. Gott selber hat ein Herz, in dem Gefühle wohnen: Kummer (Gen 6,6), Mitleid (Hos 11,8), Erkenntnis und Erinnerung (Lk 9,4). Vom menschlichen Herzen heißt es: das Wort Gottes wird ins Herz gesät (Mt 13,19), im Herzen vollzieht sich auch Annahme oder Ablehnung des Glaubens (Mk 11,23); den Jüngern brannte das Herz, als ihnen Jesus die Schrift erklärte (Lk 24,32). Das Herz ist der Ort der Begierden, der Leidenschaften, der Freude und der Angst, des Leidens und des Verlangens. Mit dem Herzen ist die gefühls-, willens- und verstandesmäßige Gesamtheit des Menschen gemeint.

Die Herz-Jesu-Verehrung setzt diese biblische Auffassung vom Herzen voraus. Zugleich faßt das Symbol des geöffneten Herzens Jesu die wichtigsten Heilsgeheimnisse in anschaulicher Weise zusammen: Das geöffnete Herz Jesu weist darauf hin, daß Gott für uns Menschen ein Herz hat, daß er für die Menschen sorgt, die auf der Suche nach gelungenem Leben sind: Das Herz Jesu weist hin auf Tod und Auferstehung Jesu, auf die Güte und Menschenfreundlichkeit Gottes, auf die Sakramente als Gaben Gottes. Zugleich ruft uns das Herz Jesu zu sozialer Verantwortung auf, denn es gilt, ein Herz zu haben für die Menschen. So führt die Besinnung auf das Herz Jesu hin zur Mitte des Glaubens. Die Herz-Jesu-Verehrung ist also eine Entfaltung der Botschaft von Tod und Auferstehung, sie ist eine

Entfaltung des Geheimnisses der Kirche und der Sakramente, sie soll hinführen zur Menschenfreundlichkeit Gottes und zum Bewußtsein unserer sozialen Verantwortung.

Im folgenden werden einige biblische Texte ausgelegt, die in der Herz-Jesu-Verehrung große Bedeutung gewonnen haben. Die Auslegung soll auch Bezug nehmen auf das Dreijahresprogramm unserer Diözese 1993–1996: »Damit sie das Leben haben« (Joh 10,10).

In der Auslegung der Texte soll zunächst die wörtliche Bedeutung dargelegt werden; dann sollen sie in den Kontext der gesamten Heiligen Schrift und der Herz-Jesu-Frömmigkeit gestellt werden. Die Texte sind immer auch ein Spiegel für uns, und sie geben uns Anlaß zur Hoffnung. Diese Art der Auslegung schließt sich an die Methode des sog. »vierfachen Sinnes« an, wie sie auch vom Katechismus der Katholischen Kirche Nr. 115–119 empfohlen wird. In dieser Methode geht es zunächst einmal um den sog. sensus litteralis, also um Aufmerksamkeit auf die wörtliche Bedeutung des Textes, auf den Wortsinn; dann geht es in der allegoria (Glaubenssicht) darum, daß ein Schrifttext in den Zusammenhang der gesamten Heiligen Schrift und der kirchlichen Tradition gestellt wird; dann soll im sensus moralis der Text als ein Spiegel für unser Leben gelesen werden, aus dem wir Lebenshilfe und Anweisung für das Gelingen des Lebens erfahren; schließlich sollen wir in der anagogia (Hinführung zur Vollendung) anhand des Textes Vertrauen fassen, wenn wir die Gründe zur Hoffnung entdecken.

Von der Heiligen Schrift sagt Papst Gregor der Große: »Im Wort Gottes erkennen wir Gottes Herz.« Dieses Wort gilt besonders von all jenen Aussagen, in denen uns das Herz Jesu vorgestellt wird, das Herz Gottes für die Menschen. Die Heilige Schrift erschließt uns das Geheimnis Gottes, wir erkennen die Sorge Gottes für uns Menschen, und wir erfahren von seinem Heilswirken.

I. Wasser aus dem Felsen

Eine der großen biblischen Erzählungen über den »Lebensdurst« der Menschen und über die Quelle, die diesen Durst löscht, ist die Erzählung vom Wasser aus dem Felsen: Gott schenkt dem Volk Israel, das in der Wüste nach Wasser schreit, Wasser aus dem Felsen.

Diese Botschaft antwortet auf tiefe Fragen der Menschen. Die Sehnsucht der Menschen nach dem Wasser des Lebens wurde schon in ältesten Zeiten ausgesprochen: Schon im 2. Jahrtausend vor Christus gibt es in der altorientalischen Ikonographie Darstellungen von der Gottheit, die eine Vase hält, aus der Wasser hervorquillt. Schon hier zeigt sich der Wunsch des Menschen, eine Quelle lebenspendenden Wassers zu finden (vgl. Bodi).

Die Besinnung auf die biblischen Texte über Wasser und Quellen kann zum Verständnis einer Reihe von biblischen Texten, die in der Herz-Jesu-Verehrung zitiert werden, beitragen.

Aus dem Buch Exodus:

¹ Die ganze Gemeinde der Israeliten zog von der Wüste Sin weiter, von einem Rastplatz zum andern wie es der Herr jeweils bestimmte. In Refidim schlugen sie ihr Lager auf. Weil das Volk kein Waser zu trinken hatte, ² geriet es mit Mose in Streit und sagte: Gebt uns Wasser zu trinken! Mose aber antwortete: Was streitet ihr mit mir? Warum stellt ihr den Herrn auf die Probe? ³ Das Volk dürstete dort nach Wasser und murrte gegen Mose. Sie sagten: Warum hast du uns überhaupt aus Ägypten hierher geführt? Um uns, unsere Söhne und unser Vieh verdursten zu lassen? ⁴ Mose schrie zum Herrn: Was soll ich mit diesem Volk anfangen? Es fehlt nur wenig, und sie steinigen mich. ⁵ Der Herr antwortete Mose: Geh am Volk vorbei, und nimm einige von den Ältesten Israels mit; nimm auch den Stab in die Hand, mit dem du auf den Nil geschlagen hast, und geh! ⁶ Dort drüben auf dem Felsen am Horeb werde ich vor dir stehen. Dann schlag an den Felsen! Es wird Wasser herauskommen, und das Volk kann trinken. Das tat Mose vor den Augen der Ältesten Israels.

⁷ Den Ort nannte er Massa und Meriba (Probe und Streit), weil die Israeliten Streit begonnen und den Herrn auf die Probe gestellt hatten, indem sie sagten: Ist der Herr in unserer Mitte oder nicht? (Ex 17,1–7)

Die wörtliche Bedeutung des Textes:

Das Volk Gottes auf dem Weg durch die Wüste

Diese Erzählung legt exemplarisch Gottes Sorge für die Menschen und zugleich die Mühen des Menschen auf dem Weg zu den Quellen des Lebens dar.

Die Erwartungen des Volkes

In diesem und in ähnlichen Texten über die Wanderung durch die Wüste (Ex 15,22–25; Num 20,1–13; 21,16–18) geht es um Erwartungen und Wünsche eines Volkes. Die Grundbedürfnisse der Menschen nach Nahrung und Trank müssen gestillt werden. In dieser Erzählung geht es um das Überleben in der Wüste. Es handelt sich um eine Frage auf Leben und Tod.

Es geht jedoch um mehr: Die Frage lautet, ob der Auszug aus Ägypten überhaupt sinnvoll war, wenn nun der Tod droht; es geht, wie in der Schlußbemerkung Ex 17,6 deutlich wird, um die Frage, ob sich das Volk auf Gott verläßt, ob es Gott in seiner Mitte weiß und ob es Gott als einen hilfreichen Gott erfährt.

Die Erzählung will die zentrale Glaubensüberzeugung Israels verdeutlichen: Gott ist in der Mitte seines Volkes. Gott sorgt für das Volk, indem er in der Wüste Quellen fließen läßt. In der Gabe des Wassers erfährt das Volk Gottes Sorge.

Das Murren des Volkes

In Situationen, in denen es um die Befriedigung menschlicher Grundbedürfnisse und oft auch um Todesgefahr geht, kommt es immer wieder zu Widerstand und

Murren. Das Volk, auf Führung angewiesen, zweifelt immer wieder, ob Mose der rechte Führer ist. Angesichts von Not und Gefährdung erscheint die Vergangenheit, selbst jene Zeit der Knechtschaft, in gutem Licht, und Ägypten scheint das lebensfördernde Land zu sein (vgl. Num 11,4–6).

Das Murren des Volkes, Widerstand und Auflehnung des Volkes gegen Gottes Pläne bleiben große Themen der Bibel überhaupt. Die Erinnerung an das Murren wird aus der Geschichte des Volkes Gottes nicht verdrängt, wie die Namengebung am Schluß der Erzählung zeigt: Mose nennt jenen Ort »Massa und Meriba«, zu deutsch »Probe und Streit«. Israel soll sich in seiner Geschichte auch an diesen Ort erinnern, an dem es Gott Widerstand geleistet und ihn auf die Probe gestellt hat (vgl. Ps 78,14–16; 95). Gleichzeitig soll die Erinnerung an das Eingreifen Gottes das Volk in seinem Glauben bestärken, daß Gott in seiner Mitte ist.

Der Text im größeren Zusammenhang:

Die Sorge Gottes für die Menschen, die nach Leben dürsten

Die Glaubenserfahrungen, die Israel in der Wüste gemacht hat, mit einem Gott, der Wasser spendet, werden schon innerhalb der Bibel selbst vielfältig wiederaufgenommen und weitergeführt.

Christus, der lebensspendende (geistliche) Felsen (1 Kor 10,1–6)

Der Apostel Paulus lädt die Gemeinde von Korinth ein, diese Geschichte von den Gaben Gottes und dem Murren des Volkes als Lesehilfe für das eigene Verhalten zu benützen.

»Ihr sollt wissen, Brüder, daß unsere Väter alle unter der Wolke waren, alle durch das Meer zogen und alle auf Mose getauft wurden in der Wolke und im Meer. Alle aßen auch die gleiche gottgeschenkte Speise, und alle tranken den gleichen gottgeschenkten Trank; denn sie tranken aus dem lebenspendenden Felsen, der mit ihnen zog. Und dieser Fels war Christus. Gott aber hatte an den meisten von ihnen kein Gefallen; denn er ließ sie in der Wüste umkommen. Das aber geschah als warnendes Beispiel für uns: damit wir uns nicht von der Gier nach dem Bösen beherrschen lassen, wie jene sich von der Gier beherrschen ließen« (1 Kor 10,1–6).

Paulus greift hier eine Legende aus der jüdischen Tradition seiner Zeit auf, die von dem wandernden Felsen erzählt, der als Brunnen das Volk auf der Wüstenwanderung begleitet hat (vgl. Num 21,16–18). Die Erzählung vom Weg des Volkes durch die Wüste und vom Murren des Volkes ist für den hl. Paulus ein Spiegel der christlichen Erfahrung in den Gemeinden seiner Zeit. In dieser kurzen Sakramentenkatechese stellt Paulus fest, daß die Väter in der Wüste die gleiche gottgeschenkte Speise und den gleichen gottgeschenkten Trank hatten. Trotzdem ließen sie sich von der Gier nach dem Bösen beherrschen und gingen zugrunde. So ist diese Geschichte vom Weg durch die Wüste ein warnendes Beispiel für die christ-

Ich allein trat die Kelter; von den Völkern war niemand dabei (Jes 63,3).
Christus in der Kelter. Relief am Chorgestühl in der Stiftskirche von Muri-Gries, 1906.

liche Gemeinde. Paulus deutet die Erzählung vom Durchzug durch das Rote Meer und den Wüstenzug auf Christus und auf die Taufe und Eucharistie hin: »... sie tranken aus dem lebenspendenden (wörtlich: geistlichen) Felsen, der mit ihnen zog. Und dieser Fels war Christus« (1 Kor 10,4).

Jesus – Quelle lebendigen Wassers (Joh 4,1–42)

Das Thema von Jesus, der Quelle des Wassers für das Leben, wird besonders in der Erzählung von der Samariterin entfaltet: Für die Samariterin, die am Jakobsbrunnen Wasser holen will, wird Jesus zur Quelle lebendigen Wassers (Joh 4). Zu dieser Quelle wird Jesus vor allem durch die Offenbarung. Jesus führt im Gespräch die Frau dazu, daß sie ihre tiefsten Wünsche erkennt und daß sie, nachdem sie Jesu Geheimnis verstanden hat, zur Botin für die Menschen in Samaria wird. So erfassen die Menschen, wer Jesus ist: Größer als unser Vater Jakob (Joh 4,12); ein Prophet (Joh 4,19); der Messias, der Gesalbte (Joh 4,25); der Retter der Welt (Joh 4,42).

Kirche – Volk Gottes auf dem Weg

Seit dem II. Vatikanischen Konzil versteht sich die Kirche wieder deutlicher als Volk Gottes, das auf dem Weg ist. Durch das Konzil wurde »Volk Gottes« zu einem Leitwort, um die Kirche zu verstehen und um die Kirche zu erneuern. Die Kirche ist auf dem Weg, sie ist angefochten, sie ist aber auch eine Keimzelle der Einheit, der Hoffnung und des Heiles für die Völker.

»Auf ihrem Weg durch Prüfungen und Trübsal wird die Kirche durch die Kraft der ihr vom Herrn verheißenen Gnade Gottes gestärkt, damit sie in der Schwachheit des Fleisches nicht abfalle von der vollkommenen Treue, sondern die würdige Braut ihres Herrn verbleibe und unter der Wirksamkeit des Heiligen Geistes nicht aufhöre, sich selbst zu erneuern, bis sie durch das Kreuz zum Lichte gelangt, das keinen Untergang kennt« (Kirchenkonstitution 9).

Der Text als Spiegel für unser Leben:

Das aber geschah an ihnen, damit es uns als Beispiel dient (1 Kor 10,6)

Ähnlich wie die Gemeinde von Korinth von Paulus angeleitet wird, in dem Text wie in einem Spiegel sich selbst zu sehen, sind auch wir eingeladen, anhand dieses Textes über die Quellen nachzudenken, aus denen wir schöpfen, wie auch über unseren Weg, unsere Grundbedürfnisse, unsere Wünsche und unser Murren.

Das Murren des Volkes heute: Angst vor der Mühe des Weges

Die Erzählungen vom Murren des Volkes können auch Licht auf die Situation in unserer Zeit werfen. Der Text lädt uns ein, über die eigenen Lebensentwürfe und Lebenspläne nachzudenken und auch über unseren Widerstand gegen Gottes Wort.

In unserer Zeit merken zwar viele Menschen, daß das Leben in einer Wohlstandsgesellschaft eine Gefahr für eine lebensfreundliche Zukunft ist. Doch der Auszug aus »Ägypten« scheint schwierig. »Ägypten« wird vom Volk Gottes in einer seltsamen Erinnerung in verklärtem Licht gesehen: »Wir denken an die Fische, die wir in Ägypten umsonst zu essen bekamen, an die Gurken und Melonen, an den Lauch, an die Zwiebeln und an den Knoblauch« (Num 11,5). Die Angst vor den Mühen, die mit dem »gelobten Land«, mit einer gerechten, friedlichen und umweltfreundlichen Gestaltung der Welt verbunden sind, ist stärker als die Sorge um die Zukunft.

Die Landkarte meines Lebens

In dieser kurzen Erzählung über die Erfahrung vom Weg durch die Wüste sind viele Stationen des Wüstenzuges genannt. Auch für unser Leben könnten wir Stationen unseres Weges aufzeichnen. Es sind Orte, die für uns wichtig sind; es sind vielleicht Orte, an denen wir eine Quelle für unser Leben gefunden haben. Mit jedem dieser Orte sind Wünsche, Pläne, Begegnungen verbunden. Anhand dieser »Landkarte meines Leben« können wir erkennen, in welcher Weise auch über unserem Leben die Verheißungen Gottes stehen, der uns führt und der uns weiterführen will.

Gründe zur Hoffnung:

Ein Tag der Ruhe nach der Wanderung

Der Hebräerbrief erneuert die Warnung, sich nicht zu verhalten wie in Massa und Meriba, doch verkündet er auch eine Verheißung: Dem Volk Gottes ist ein Tag der Ruhe bestimmt (Hebr 4,1–7).

II. Im Tod ist das Leben

Unsere heutige Kultur ist durch Bilder und durch Schauen geprägt. Die Herz-Jesu-Verehrung kommt dem Wunsch nach Bildern und Symbolen nach, indem sie den Blick auf das Herz Jesu richtet. Zwar wird das Wort »Herz« im Bericht des Johannesevangeliums über den Tod Jesu (Joh 19,31–37) nicht verwendet, doch ist dieser Text in der Geschichte der Herz-Jesu-Verehrung ein zentraler Text geworden.

Aus dem Evangelium nach Johannes:

[31] Weil Rüsttag war und die Körper während des Sabbats nicht am Kreuz bleiben sollten, baten die Juden Pilatus, man möge den Gekreuzigten die Beine zerschlagen und ihre Leichen dann abnehmen; denn dieser Sabbat war ein großer Feiertag. [32] Also kamen die Soldaten und zerschlugen dem ersten die Beine, dann dem andern, der mit ihm gekreuzigt worden war. [33] Als sie aber zu Jesus kamen und sahen, daß er schon tot war, zerschlugen sie ihm die Beine nicht, [34] sondern einer der Soldaten stieß mit der Lanze in seine Seite, und sogleich floß Blut und Wasser heraus. [35] Und der, der es gesehen hat, hat es bezeugt, und sein Zeugnis ist wahr. Und er weiß, daß er Wahres berichtet, damit auch ihr glaubt. [36] Denn das ist geschehen, damit sich das Schriftwort erfülle: Man soll an ihm kein Gebein zerbrechen. [37] Und ein anderes Schriftwort sagt: Sie werden auf den blicken, den sie durchbohrt haben. (Joh 19,31–37)

Die wörtliche Bedeutung des Textes:

Hinführung zum Verständnis des Todes Jesu

Der Text Joh 19,31–37 über den Tod Jesu lädt den Leser zum gläubigen Schauen und tieferen Verstehen des Todes Jesu. Der Text selbst ist in einer Weise gestaltet, daß er uns zum tieferen Verständnis der Vorgänge führt: Zunächst werden die Ereignisse erzählt, dann wird der Leser direkt angesprochen und schließlich ein Schriftwort als Verständnishilfe angeführt.

Zunächst werden die äußeren Fakten dargestellt. Ausdrücklich wird festgestellt, daß es nicht mehr notwendig war, durch das Zerbrechen der Beine den raschen Tod Jesu herbeizuführen, da Jesus schon gestorben war. Dann werden die weiteren Vorgänge berichtet: Einer der Soldaten stößt die Lanze in die Seite Jesu; aus Jesu Seite fließen Blut und Wasser. Für den Verfasser haben die Ereignisse beim Tod Jesu aber einen tieferen Sinn. Damit der Leser ja nicht unaufmerksam daran vorbeigeht, redet der Verfasser ihn ausdrücklich an (Joh 19,35). In den Evangelien gibt es nur wenige Fälle einer direkten Anrede an den Leser. Schon dies macht auf die Wichtigkeit der Aussage aufmerksam: Der Bericht von der Öffnung der Seite Jesu wird gegeben, »damit auch ihr glaubt«. Wir werden eingeladen, die tiefere Bedeutung des Geschehens zu erfassen (ähnlich nur noch Joh 20,30f).

Durch den Hinweis auf Schriftworte wird schließlich in Joh 19,36–37 der tiefere Sinn der beiden Vorgänge erklärt, warum man nämlich Jesus die Gebeine nicht zerbrochen hat und warum seine Seite durchbohrt wurde. Dies ist eine Aufforderung an den Leser, das Geschehen im Licht der alttestamentlichen Botschaft zu verstehen.

*Und sie werden auf den blicken, den sie durchbohrt haben (Sach 12,10).
Gekreuzigter mit dem durchbohrten Herzen. Bronzeplastik von Martin Rainer, 1989.
Pfarrhauskapelle Gries.*

Der Text im größeren Zusammenhang:

Die Gaben des inthronisierten Königs

Das Geschehen am Kreuz läßt sich so deuten, daß Jesus der leidende Gerechte ist, der von Gott geschützt wird.

Jesus – das Osterlamm

Im Tod Jesu erfüllen sich nach dem Zeugnis des Johannesevangeliums alttestamentliche Vorbilder: Wie man am Osterlamm kein Bein zerbrechen sollte (Ex 12,10; 14,46), so wurden auch die Gebeine Jesu nicht zerschlagen.

Auch die Zeitangaben weisen auf eine tiefere Bedeutung hin. Jesus stirbt am Rüsttag, d. h. am Vorbereitungstag des Osterfestes. In der Stunde, in der im Tempel die Osterlämmer geschlachtet werden, stirbt Jesus. Damit gewinnt diese Zeitangabe eine theologische Bedeutung, indem sie hinweist auf Jesus als das Osterlamm. Auf den Zusammenhang von Tod Jesu und Paschafeier verweisen auch die Angaben in Joh 13,1; 18,28; 19,14.

Jesus wird als das Osterlamm dargestellt, das den Menschen Heil bringt. Beim Auszug aus Ägypten bewirkte das Ostermahl und die Besprengung der Türpfosten mit dem Blut des Lammes, daß der Todesengel vor dem Auszug aus Ägypten an den Häusern der Hebräer vorbeiging und ihr Leben schonte, während die Erstgeborenen der Ägypter getötet wurden (Ex 12,27). Die christliche Gemeinde verkündet: »Als unser Paschalamm ist Christus geopfert worden« (1 Kor 5,7).

Das Zitat Joh 19,36 »Man soll an ihm kein Gebein zerbrechen« stimmt in seinem Wortlaut mit keiner Stelle der Bibel ganz genau überein. Naheliegend ist, wie schon ausgeführt, die Aussage über das Osterlamm (Ex 12,10); aber auch über den leidenden Gerechten findet sich ein ähnliches Wort (Ps 34,21): »Er behütet all seine Glieder, nicht eines von ihnen wird zerbrochen«.

Glaubendes Erkennen

Der am Kreuz erhöhte Jesus gibt als inthronisierter König den Glaubenden seine Gaben. Auch am Kreuz, in seinem Sterben, ist Jesus jener, der den Menschen Leben spendet. Blut und Wasser, die aus der geöffneten Seite Jesu fließen, sind Symbole seines Todes und seiner Gaben: Das Blut ist ein Zeichen des Todes und seiner Hingabe. Das Wasser ist ein Zeichen des Lebens, das aus Jesus strömt. Jesus ist die Quelle des lebenspendenden Wassers (vgl. Joh 7,37–39; 4).

Es sei an eine alte jüdische Überlieferung erinnert. Im Midrasch Rabba zu Num 20,11 heißt es: »Zweimal schlug Mose an den Felsen. Zuerst floß Blut heraus, danach Wasser«.

Dieser König gibt am Kreuz den Glaubenden noch eine Gabe: die Erkenntnis des Geheimnisses Jesu. Die Glaubenden werden Jesu wahres Wesen und seine Bedeutung erkennen. Der Augenblick der Erhöhung Jesu am Kreuz ist nämlich der Augenblick der Offenbarung: »Wenn ihr den Menschensohn erhöht habt, werdet ihr erkennen, daß Ich es bin« (Joh 8,28). Nach der Theologie des hl. Johannes sind Leiden und Auferstehung eine »Erhöhung« und »Verherrlichung«. Wie Gott sich dem Volk als der »Ich bin, der ich bin« geoffenbart hatte (Ex 3,14; vgl. Jes 43,10f), so erhebt Jesus mit dieser Selbstvorstellung göttlichen Anspruch. Auch am Kreuz ist Jesus als König Zeuge der Offenbarung (Joh 18,33–38).

Der Text als Spiegel für unser Leben:

Glaubende und schauende Menschen vor dem Kreuz Jesu

Der Blick auf den Gekreuzigten verlangt, wie Johannes durch die direkte Anrede und die Schriftzitate betont, ein Schauen und Verweilen. In einer Zeit, in der Menschen auch im Religiösen eine schnelle Befriedigung ihrer Bedürfnisse wünschen, ist es wichtig, sich bewußt Zeit zu nehmen und in der Betrachtung der göttlichen Geheimnisse zu verweilen.

Die Herz-Jesu-Verehrung, in der es um die zentralen Gehalte unseres Glaubens geht, vermittelt durch solches Schauen und Verweilen dem christlichen Leben den notwendigen Tiefgang. Dieses Schauen trägt auch bei zum Mitfeiern der Liturgie: »Die Liturgie selbst kann nur dann ihrem besonderen Anspruch gemäß gefeiert werden, wenn sie vorbereitet und begleitet ist von dem meditativen Verweilen, in dem das Herz zu schauen und zu verstehen beginnt und so auch die Sinne in das Schauen des Herzens einbezogen werden« (Ratzinger).

Der von Jesus geliebte Jünger

Das Evangelium zeigt uns an einem Vorbild, wie rechtes und tiefes Sehen möglich ist: an der Gestalt dessen, der dies bezeugt. Der Zeuge unter dem Kreuz ist nämlich nach Joh identisch mit jenem von Jesus geliebten Jünger, der am Abendmahl an Jesu Brust ruht (Joh 13,25). Dieser Jünger hat die Fähigkeit, Jesus recht zu erkennen, und er ist der befähigte Zeuge für Jesus. Dieser Jünger ist geradezu der Typus und Inbegriff des rechten Glaubens.

Darüber hinaus enthält das Johannesevangelium geradezu eine Theologie des Schauens: Der Verfasser verwendet vier verschiedene Zeitwörter, die von einem äußeren physischen Sehen bis zu einem kontemplativen und inneren Schauen gehen: bemerken, beobachten, beschauen, sehen. Johannes lädt ein, auf die geöffnete Seite Jesu zu schauen, damit wir der Erfahrung und des Glaubens des Jüngers teilhaft werden, der als erster gesehen hat. Dieses Sehen soll in uns ein bleibender Besitz werden.

Neugier und Mitleid

Die Schilderungen der Passionsgeschichte in den Evangelien sind eine Einladung, über uns selbst und über unser Sehen nachzudenken. In der Passionsgeschichte wird auf verschiedene Weise geschildert, wie die Menschen auf den Gekreuzigten blicken. Es gibt manche, die stehenbleiben und hinblicken, um ihn zu verspotten: »Anderen hat er geholfen, nun soll er sich selbst helfen« (Lk 23,35). Manche mögen ihn neugierig angeschaut haben, andere mögen angerührt gewesen sein von der Schönheit und Gelassenheit des Antlitzes voll Unschuld, wieder andere mögen einen Augenblick innegehalten haben, gefesselt vom Anblick dessen, der »mißhandelt und niedergedrückt wurde, aber seinen Mund nicht auftat« (vgl. Jes 53,7), der nicht stöhnte und nicht fluchte, wie es andere Gekreuzigte getan haben. Sie schauten ihn nicht lange genug an und gingen ihres Weges, sie hatten andere Sorgen und wichtigere Dinge zu tun. Andere mögen beim Hinblicken vermutet haben, daß sie hier einen sahen, der anders, möglicherweise sogar einzigartig war, der »sich unter die Verbrecher rechnen ließ« (Jes 53,12). »Jene aber, die auf ihn, den Durchbohrten, mit Liebe blickten – es war nur eine Handvoll Menschen, vornehmlich Vertreterinnen des ›schwächeren Geschlechtes‹, allen voran Maria, die Mutter Jesu –, sie erwiesen sich als stark genug, um bei ihm zu stehen und auf ihn zu blicken, die Herzen erfüllt von dem brennenden Wunsch, die geheimnisvolle Liebe des Herrn zu den Menschen zu begreifen, der so ganz anders als all die anderen war« (Rscj).

»Durch dieses Schauen wird der ›Seher‹ umgewandelt; denn es ist ein Merkmal der Schönheit, daß niemand sie betrachten kann, ohne schließlich etwas von ihrem Wesen zu reflektieren. Die letzte Stufe des Betrachtens ist das Hineingezogenwerden in das Innere, in die Tiefe der Höhle seines Herzens, in der wir gleichzeitig zu unserem eigenen tiefen und wahren Selbst erwachen« (in: Rscj / Soares-Prablm).

Gründe zur Hoffnung:

Die bleibenden Gaben Jesu

Blut und Wasser, die aus der geöffneten Seite fließen, werden in den Auslegungen der Kirchenväter als Symbole für die Gaben Jesu, die Sakramente der Taufe und der Eucharistie, angesehen. Die Kirchenväter sehen in diesem Geschehen überdies den Ursprung der Kirche: »Wie Eva aus der Seite des schlafenden Adam geformt wurde, so ist die Kirche aus dem durchbohrten Herzen des am Kreuz gestorbenen Christus geboren« (Ambrosius). Die Sakramente und die Kirche als Ursakrament sind so Grund zur Hoffnung.

III. Eine Quelle lebendigen Wassers

Viele Menschen sind auf der Suche nach dem Sinn des Lebens und nach dem Heil. Sie begegnen vielen Botschaften, die Heil und Sinn verheißen und die Angebote für ein gelungenes Leben machen. Viele Anleitungen und Behelfe werden angeboten, um die Kunst und Fähigkeit gelungenen Lebens zu lernen.

Auch uns heutigen Menschen, die auf der Suche nach Sinn und Weisheit sind, gilt das Wort, das Jesus in einer Zeit der Auseinandersetzung seinen Hörern gesagt hat.

<u>Aus dem Evangelium nach Johannes:</u>

[37] Am letzten Tag des Festes, dem großen Tag, stellte sich Jesus hin und rief: Wer Durst hat, komme zu mir, und es trinke, [38] wer an mich glaubt. Wie die Schrift sagt: Aus seinem Inneren werden Ströme von lebendigem Wasser fließen. [39] Damit meinte er den Geist, den alle empfangen sollten, die an ihn glauben; denn der Geist war noch nicht gegeben, weil Jesus noch nicht verherrlicht war. [40] Einige aus dem Volk sagten, als sie diese Worte hörten: Er ist wahrhaftig der Prophet. [41] Andere sagten: Er ist der Messias. Wieder andere sagten: Kommt denn der Messias aus Galiläa? [42] Sagt nicht die Schrift: Der Messias kommt aus dem Geschlecht Davids und aus dem Dorf Betlehem, wo David lebte? [43] So entstand seinetwegen eine Spaltung in der Menge. [44] Einige von ihnen wollten ihn festnehmen; aber keiner wagte ihn anzufassen. (Joh 7,37–44)

Die wörtliche Bedeutung des Textes:

Einladung zur Entscheidung

In der Auseinandersetzung mit seinen Gegnern, die ihn töten wollen, stellt sich Jesus am Laubhüttenfest in Jerusalem als Quelle lebendigen Wassers dar. Mehrere Eigentümlichkeiten des Textes weisen darauf hin, daß es sich um ein wichtiges Wort Jesu handelt. Jesus verhält sich auffällig im wahrsten Sinn des Wortes: er »schreit auf« (wörtlich, nach dem griechischen Text). Die Menschen sollen die Stimme des Offenbarers hören können. Dieses laute Rufen Jesu hebt sich ab vom geheimen Gerede der Menge, die über Jesus redet (Joh 7,12f). Diese große Einladung und Verheißung, zur Quelle des lebendigen Wassers zu kommen, ist zugleich ein Ruf zur Entscheidung.

Der Sinn des lauten Rufens Jesu wird besonders deutlich, wenn der liturgische Kontext berücksichtigt wird, in dem dieses Ereignis steht. Jesus hält seine Rede am letzten Tag des Festes, gemeint ist das Laubhüttenfest, das im Judentum als besonders heilig und bedeutsam galt (September/Oktober); es dauerte acht Tage. Das Laubhüttenfest war ursprünglich ein Erntefest, es wurde dann auch als Erinnerung an den Auszug aus Ägypten und den Aufenthalt des Gottesvolkes in der Wüste gefeiert.

Eine der wichtigsten Zeremonien des Laubhüttenfestes war der Ritus des Wasserschöpfens. Der Priester trug einen Krug mit Wasser vom Teich von Schiloach zum Tempel und goß das Wasser am Brandopferaltar aus. Dieser Ritus war eine Bitte um den notwendigen Regen, er erinnerte auch an den Felsen, der zur Zeit der Wüstenwanderung Wasser spendete, und verwies auf die Tempelquelle, die nach der Verheißung der Propheten fließen wird. Von diesem Ritus her erklärt sich, daß Jesus sich gerade bei dieser Gelegenheit als Quelle des lebendigen Wassers vorstellt.

Einladung und Verheißung Jesu werden in einer doppelten Weise erklärt: Zunächst durch den Verweis auf ein Schriftwort, dann durch den Hinweis, daß sich diese Verheißung nach der »Verherrlichung«, also nach Ostern, erfüllt: Sobald Jesus durch Kreuz und Auferstehung verherrlicht ist, schenkt er den Jüngern den Heiligen Geist (Joh 20,22).

Ähnliche Einladungen finden sich in der Weisheitsliteratur: Die Weisheit lädt die Menschen ein (Spr 9,5; Sir 24,19; 51,23f).

Der Text im größeren Zusammenhang:

Erfüllung von Verheißungen

Eine Reihe von Parallelen im Alten und Neuen Testament lassen tiefer erfassen, was mit dem Wort Jesu von der Quelle und dem lebendigen Wasser gemeint ist.

Die Verheißung von der Quelle am Tempel

Die Deutung der Einladung Jesu geschieht durch einen Hinweis auf die Schrift: Aus seinem Innern werden Ströme von lebendigem Wasser fließen. Ein wörtlich übereinstimmendes Zitat findet sich im Alten Testament nicht, doch läßt sich an inhaltlich ähnliche Stellen denken, etwa Ez 47,1: »Ich sah, wie unter der Tempelschwelle Wasser hervorströmte.« Diese Quelle wird zu einem lebenspendenden Strom, wie auch Sach 14,8 sagt: »An jenem Tag wird aus Jerusalem lebendiges Wasser fließen, eine Hälfte zum Meer im Osten und eine Hälfte zum Meer im Westen« (vgl. auch Sach 13,1). Die Gihonquelle, die auch den Schiloachteich speist und die Jerusalems einzige Quelle ist, wird zum Symbol der endzeitlichen Erneuerung.

Von der heilvollen Gegenwart Gottes am Tempel gehen Ströme lebendigen Wassers aus, Jahwes Segensfülle kennt keine Grenzen. So erfüllen sich in Jesus die Hoffnungen Israels. Er ist die Quelle, aus der lebendiges Wasser strömt.

Jesus wird durch diesen Schrifttext als der Tempel dargestellt, von dem Gottes Segen ausgeht (vgl. Joh 2,21f). Es erfüllt sich auch das Schriftwort: »Ihr werdet Wasser schöpfen voll Freude aus den Quellen des Heils« (Jes 12,3).

Der Geist – die Ostergabe Jesu

Die Verheißung Jesu erfüllt sich nach dem Johannesevangelium am Ostertag: Der Auferstandene kommt zu den Jüngern, die aus Furcht den Saal verschlossen hatten, er haucht sie an und spendet ihnen seinen Heiligen Geist: »Empfangt den Heiligen

Denn ich lasse dich genesen und heile dich von deinen Wunden (Jer 30,17).
Engels-Pietà des Israhel van Meckenem, Holzschnitt, Albertina Wien. Christus weist mit der Linken auf seine Herzwunde, die Rechte zeigt deutlich die Nagelwunde (ostentatio vulnerum).

Geist ...« (Joh 20,19–23). Nach der Theologie des Johannes wird den Jüngern schon zu Ostern der Heilige Geist geschenkt, während Lukas Pfingsten als das Fest der Geistgabe bezeichnet (Apg 2).

Zu Ostern erfüllt sich auch die Verheißung der Abschiedsrede. In der Abschiedsrede geht Jesus auf eine Frage ein, die die Jünger bewegt. Sie sind nämlich besorgt, wie sie ohne die leibliche Gegenwart Jesu weiterhin als Jünger Jesu leben sollen. Jesus gibt ihnen sein Testament, er gibt ihnen das Gebot der Liebe, nach dem sie ihr Leben gestalten sollen, er verheißt ihnen den Heiligen Geist. In der Abschiedsrede hatte Jesus das Kommen des Geistes verheißen, der den Jüngern als Parakletos (Helfer, Beistand, Fürsprecher, »Advokat«) beistehen wird (Joh 14,17; 14,26; 15,26; 16,7; 16,13).

Der Text als Spiegel für unser Leben:

Heilende Quellen suchen

Das Wort der Offenbarung Jesu stellt die Menschen vor die Entscheidung, und es kommt zu einem Zwiespalt im Volk. So lädt der Text auch den heutigen Leser ein nachzudenken, wie er zur Einladung und zur Verheißung Jesu steht. Die Mahnungen und Warnungen der Propheten haben auch heute noch ihre Bedeutung. Der Prophet Jeremia macht dem Volk den Vorwurf: »Mein Volk hat doppeltes Unrecht verübt: Mich hat es verlassen, den Quell des lebendigen Wassers, um sich Zisternen zu graben, Zisternen mit Rissen, die das Wasser nicht halten« (Jer 2,13).

Es kann gefährlich werden, wenn Israel die Wasser von Schiloach verachtet. Gemeint ist: Israel muß sich entscheiden, ob es sich an Jahwe hält, der in Jerusalem thront und dessen Wasser (von der Gihonquelle her) durch den Schiloachkanal fließt, oder ob es sich an den König von Assur hält, dessen Symbol die reißenden Wasser des Euphrat sind. Von Assur droht Zerstörung (Jes 8,6f).

Ähnliche Überlegungen sind für jede Zeit wichtig: Es werden viele »Heilquellen« angeboten, viele Heils- und Sinnangebote. Es gilt zu wählen.

Gründe zur Hoffnung:

Die neue Welt Gottes

Im letzten Buch der Heiligen Schrift, in der Offenbarung des Johannes – einem Buch, das den Menschen Hoffnung schenken will – bildet das Wort vom Wasser den Abschluß: »Und er (der Engel) zeigte mir einen Strom, das Wasser des Lebens, klar wie Kristall; er geht vom Thron Gottes und des Lammes aus« (Offb 22,1).

»Der Geist und die Braut aber sagen: Komm! Wer hört, der rufe: Komm! Wer durstig ist, der komme. Wer will, empfange umsonst das Wasser des Lebens« (Offb 22,17).

IV. Lasten tragen und mittragen

Angesichts der Belastungen der Menschen und der Armut in der Welt wächst bei manchen Menschen das Bewußtsein, daß unsere Welt nur überleben kann, wenn wir füreinander Sorge tragen. Die Herz-Jesu-Verehrung stellt uns die Sorge Gottes für die Belasteten und Ausgeschlossenen vor Augen. Gerade das Jesuswort: »Ich bin gütig und von Herzen demütig« hat in der Herz-Jesu-Verehrung immer eine große Bedeutung gehabt, weil hier die Sorge Jesu für die Kleinen und die Belasteten besonders deutlich ausgedrückt ist.

Im Anschluß an Mt 11,29 wurde auch die Bitte in der Herz-Jesu-Litanei formuliert, die vielen vertraut ist: »Jesus, sanftmütig und demütig vom Herzen, mache unser Herz gleich deinem Herzen.« Oder, in der neuen sprachlichen Formulierung »Jesus, gütig und selbstlos von Herzen, bilde unser Herz nach deinem Herzen« (Gotteslob 768).

Aus dem Evangelium nach Matthäus:

[25] *In jener Zeit sprach Jesus: Ich preise dich, Vater, Herr des Himmels und der Erde, weil du all das den Weisen und Klugen verborgen, den Unmündigen aber offenbart hast.* [26] *Ja, Vater, so hat es dir gefallen.* [27] *Mir ist von meinem Vater alles übergeben worden; niemand kennt den Sohn, nur der Vater, und niemand kennt den Vater, nur der Sohn und der, dem es der Sohn offenbaren will.* [28] *Kommt alle zu mir, die ihr euch plagt und schwere Lasten zu tragen habt. Ich werde euch Ruhe verschaffen.* [29] *Nehmt mein Joch auf euch und lernt von mir; denn ich bin gütig und von Herzen demütig; so werdet ihr Ruhe finden für eure Seele.* [30] *Denn mein Joch drückt nicht, und meine Last ist leicht. (Mt 11,25–30)*

Die wörtliche Bedeutung des Textes:

Ein Heilsplan für einfache Leute

In diesem Wort Jesu sind Lobpreis, Offenbarungsrede und Einladung verbunden: Jesus preist den Vater für seinen Heilsplan, in dem Gott selber Option ergreift für die einfachen und bescheidenen Leute, Jesus offenbart uns das Geheimnis seines Lebens und seiner Verbundenheit mit dem Vater, und er lädt uns ein, sein Joch auf uns zu nehmen.

Der Heilsplan Gottes (Mt 11,25f)

Im Lobpreis Gottes schließt sich Jesus der Gebetssprache seines Volkes an (Ps 9; 138; Sir 51,1–12; einige Stellen in den Lobliedern der Mönche von Qumran). Diese Gebete beginnen in ähnlicher Weise: »Ich will dich preisen, mein Herr und König, ich will dich loben, Gott meines Heils« (Sir 51,1). Freilich erhält auch dieses Gebet den für Jesus eigentümlichen Akzent, indem er von seiner einzigartigen Nähe zu Gott spricht und Gott »Vater« nennt. Zugleich ist mit dieser Nähe aber auch die für das Judentum kennzeichnende Ehrfurcht vor Gott ausgedrückt, daß nämlich Gott der Herr des Himmels und der Erde ist.

Im Willen Gottes liegt das Heil des Menschen, und dieser Gott offenbart sich den einfachen Menschen. Wir dürfen hier an die Menschen denken, die sich um Jesus versammeln, an die einfachen Leute, die Fischer, die Frauen, an die Menschen, die am Rand stehen. Gott ergreift für sie Partei und offenbart sich ihnen. Unter jenen, die die Botschaft Gottes nicht annehmen, kann man an verschiedene Menschengruppen denken, etwa die Weisheitslehrer in Israel, die Anhänger apokalyptischer Gruppen, Sektenmitglieder der damaligen Zeit, Schriftgelehrte, religiöse Eliten.

In diesem Gebet ist das Wissen um Gottes Vorliebe für die armen und einfachen Leute ausgedrückt, und dieses Gebet ist auch eine Schule für die rechte Gebetssprache.

Die Mitteilung eines Geheimnisses (Mt 11,27)

In diesem Offenbarungswort zeigt Jesus seine Stellung Gott und den Menschen gegenüber auf. Jesus steht in einem besonderen, engen und einzigartigen Verhältnis zum Vater: Ihm allein teilt sich der Vater mit, der Sohn allein hat Einsicht in das Geheimnis Gottes, ihm ist alles übergeben (in diesem Kontext ist besonders die Offenbarung gemeint), der Sohn allein kann den Menschen den Vater mitteilen: Jesus allein ist der Offenbarer des Vaters.

Besonders in der Theologie des Johannesevangeliums wird diese Aussage über Jesus als den Offenbarer des Vaters weitergeführt. Es ist geradezu der Grundgedanke des Johannesevangeliums, daß Jesus dieser Offenbarer ist, und Jesus sagt: »Ich habe euch alles mitgeteilt, was ich von meinem Vater gehört habe« (Joh 15,15).

Das Joch Jesu auf sich nehmen (Mt 11,28–30)

Mit dem Bildwort »Joch« erinnert Jesus an die vielen Belastungen des Lebens. Die Menschen, die sich plagen und unter Lasten stöhnen, können zu Jesus kommen. Bei diesen Lasten können wir an die Belastungen des menschlichen Lebens denken. Wir können auch an die Belastungen denken, die die pharisäische Gesetzesinterpretation den Menschen aufgelegt hat und gegen die sich das Neue Testament ausspricht. In der Umwelt Jesu ist die Rede vom Joch bekannt: Wer das Gebet »Höre, Israel« und die Zehn Gebote Gottes rezitiert, nimmt das »Joch der Gottesherrschaft« auf sich.

Jesus lädt die Menschen ein, von ihm zu lernen und seine Weisung auf sich zu nehmen. Die Weisung Jesu anzunehmen bedeutet zwar auch, daß die Menschen ein Joch auf sich nehmen, doch ist dieses Joch leichter als die anderen Formen des Joches, die Menschen tragen müssen. Eine anschauliche Erzählung von den Mühen und Belastungen und vom Kommen zu Jesus bietet Mk 6,30–34.

Daß das Joch Jesu angenehm und die Last leicht ist, hängt damit zusammen, daß Jesus selbst es ist, der dieses Joch auflegt. Wer von seiner Freundlichkeit und Demut lernt, wird das Joch leicht empfinden. Jesus selbst verwirklicht den Willen des Vaters in seinem Leben und lehrt so die Menschen: Er ist freundlich gegenüber den

*Kommt alle zu mir, die ihr euch plagt und schwere Lasten zu tragen habt (Mt 11,28).
Herz Jesu mit einladend ausgebreiteten Armen. Die Textschleife gibt das Zitat aus Mt 11 wieder.
Selten ist die Variante, daß das Herz auf dem von Strahlen umgebenen Kreuz liegt. Tympanonmosaik an der
Pfarrkirche von Mölten, ausgeführt von der Mosaikwerkstätte Neuhauser in Innsbruck, 1911.*

Menschen, wie sich aus vielen Erzählungen zeigt, er ist demütig und gewaltlos, etwa in der Passionsgeschichte. Jesus ist demütig und stellt sich in Liebe zugunsten der anderen zurück. So lebt Jesus, was er lehrt. Gerade dieses Beispiel macht sein Joch freundlich und leicht.

Vielfach wird das leichte Joch Jesu 613 Geboten und Verboten des Judentums gegenübergestellt. Doch hilft eine solche Gegenüberstellung von Zahlen wenig, denn die Liebe legt viele »Lasten« auf und hilft sie tragen, während ohne Liebe auch kleine Lasten zu unerträglichen Belastungen werden. So gilt die tiefe Antwort des hl. Augustinus: »Was auch immer hart ist in dem, was uns auferlegt ist: Die Liebe macht es leicht.«

Der Text im größeren Zusammenhang:

Das Heilshandeln Gottes im Wirken Jesu

In diesem kurzen Wort Jesu werden die großen Linien des Heilshandelns Gottes und des Wirkens Jesu ausgesprochen. Es ist ein Grundzug der Botschaft und des

Wirkens Jesu, daß Jesus die Menschen einlädt, zu kommen und am Mahl teilzunehmen. Im Bild des Mahles und der Einladung zum Mahl faßt Jesus einen wichtigen Teil seiner Botschaft zusammen (vgl. Lk 14–15). Das Mahl ist der Inbegriff des Heils, aber zugleich auch der Forderung, wenn es gilt, die Einladung zum Mahl anzunehmen (Lk 14,14f).

Die Vorliebe Gottes für die Armen ist ein weiterer Grundzug des Wirkens Jesu. Dies wird besonders im Lukasevangelium dargestellt. Jesus erfüllt die Worte des Propheten: »Der Geist Gottes, des Herrn, ruht auf mir; denn der Herr hat mich gesalbt. Er hat mich gesandt, damit ich den Armen eine frohe Botschaft bringe ...« (Jes 61,1). Diese Worte macht Jesus zu einem Programm für sein Wirken (Lk 4,16–21), und diese Worte des Propheten bilden auch eine der Grundlagen der Seligpreisungen (Mt 5,3–12; Lk 6,20–23).

Der Text als Spiegel für unser Leben:

Lasten tragen und mittragen

In diesem Wort lädt Jesus ein, von ihm einige Verhaltensweisen zu lernen: Güte, Freundlichkeit, Selbstlosigkeit, Demut. Zugleich ist dieses Wort auch eine Hilfe und ein Spiegel für unser Leben.

Das Wort Jesu lädt uns ein, auch über unsere Lasten nachzudenken: Über die uns auferlegten Lasten, seien sie uns durch die Situation oder durch Menschen auferlegt; über die Lasten, die wir uns selber auferlegt haben; über die vielen verschiedenen Formen, in denen wir Lasten abschütteln möchten.

Zu diesen Lasten gehören für die Glaubenden auch die Belastungen, die unter Umständen aus dem Glauben entstehen und die Belastungen mit der Kirche.

Nach dem Apostel Paulus erfüllt jemand, der die Lasten der Menschen mitträgt, das Gesetz Christi: »Einer trage des anderen Last; so werdet ihr das Gesetz Christi erfüllen« (Gal 6,2). Zu diesen Lasten gehören – entsprechend dem Kontext des Galaterbriefes – die Sünden, in die jemand gerät: »Diese Last der Sünde und des Bewußtseins, daß jeder von ihr bedroht ist, wird dann tragbar, wenn die christliche Gemeinde auch die Sünde und die Sünden in ihr brüderlich trägt. Damit legt der Apostel eine Auslegung des Liebesgebotes vor, die auch die Sünder in der christlichen Gemeinde in dasselbe einbezieht« (Mußner). Lasten tragen bedeutet dann auch, Mitgefühl mit den Belasteten zu haben und Solidarität mit ihnen zu üben.

Gründe zur Hoffnung:

Die Feier der Eucharistie

Wie schon oben dargelegt, ist die Einladung zum Mahl ein Grundzug der Botschaft Jesu. In der Kirche wird die in dieser Einladung verheißene Gemeinschaft jedesmal in der Feier der Eucharistie vollzogen.

V. Auf den Gekreuzigten blicken

In vielen Wohnungen und an vielen Wegen findet sich eine Darstellung des Gekreuzigten. Im Laufe der Zeit hat sich eine eigene Kultur entwickelt, wie wir mit diesen Bildern und Darstellungen umgehen: In den Wohnungen gibt es den Herrgottswinkel, mit dem Kreuz, mit Heiligenbildern, mit Andenkenbildern der Familie; am Donnerstagabend wird an das Todesleiden Jesu erinnert; am Freitag um 15 Uhr wird zum Freitagsgebet eingeladen. Es war üblich, daß man das Kreuz am Weg gegrüßt hat, indem man den Hut abnahm. Das Bild des Gekreuzigten war Anlaß, daß man sich an die Liebe Gottes erinnerte, daß man zu einem gläubigen Schauen und Verweilen kam. Auf vielerlei Weise wird in Bildern und Darstellungen versucht, den Reichtum des Geheimnisses Christi darzulegen und die Menschen zum Glauben zu führen. Dieses gläubige Schauen ist, wie der Prophet Sacharja sagt, eine Gabe Gottes an sein Volk.

Aus dem Buch Sacharja:

^{12,8} An jenem Tag beschirmt der Herr die Einwohner Jerusalems, und dann wird selbst der von ihnen, der strauchelt, wie David sein und das Haus David an ihrer Spitze wie Gott, wie der Engel des Herrn. ^{9} An jenem Tag werde ich danach trachten, alle Völker zu vernichten, die gegen Jerusalem anrücken. ^{10} Doch über das Haus David und über die Einwohner Jerusalems werde ich den Geist des Mitleids und des Gebets ausgießen. Und sie werden auf den blicken, den sie durchbohrt haben. Sie werden um ihn klagen, wie man um den einzigen Sohn klagt; sie werden bitter um ihn weinen, wie man um den Erstgeborenen weint.
^{11} An jenem Tag wird die Totenklage in Jerusalem so laut sein wie die Klage um Hadad-Rimmon in der Ebene von Megiddo. ^{12} Das Land wird trauern, jede Sippe für sich: die Sippe des Hauses David für sich und ihre Frauen für sich; die Sippe des Hauses Natan für sich und ihre Frauen für sich; ^{13} die Sippe des Hauses Levi für sich und ihre Frauen für sich; die Sippe des Hauses Schimi für sich und ihre Frauen für sich; ^{14} alle überlebenden Sippen, jede Sippe für sich und ihre Frauen für sich.
^{13,1} An jenem Tag wird für das Haus David und für die Einwohner Jerusalems eine Quelle fließen zur Reinigung von Sünde und Unreinheit. (Sach 12,8–13,1)

Die wörtliche Bedeutung des Textes:

Die Gabe der Einsicht und Reue

Der Prophet Sacharja verheißt in einer als »Gottesrede« formulierten Botschaft für die Endzeit: »Sie (d. h. die Bewohner von Jerusalem) werden auf den blicken, den sie durchbohrt haben« (Sach 12,10). Sie, die durch ihre Untreue Gott bis ins Herz getroffen haben, werden sich in Zukunft zur Treue entschließen und ihren Blick auf ihn richten. Der Evangelist Johannes sieht in der geöffneten Seite des Gekreuzigten diese Verheißung des Propheten Sacharja erfüllt (Joh 19,37).

Der Tag, an dem ein neues Sehen und Begreifen geschenkt wird

Auffallend ist im Text die oftmalige Wiederholung der Wendung »an jenem Tag«. Es ist dies ein Tag der Veränderung. Mit »jenem Tag« ist die Endzeit gemeint, in der Gott selber zugunsten seines Volkes in die Geschichte eingreift. Dieses Eingreifen Gottes hat vielfältige Formen: Der Herr wird Jerusalem schützen, und dabei werden selbst die Schwachen zu Kämpfern (Sach 12,8); Gott gibt einen Geist des Mitleids und des Gebetes (Sach 12,10). So kommt es auch zu einer menschlichen Antwort, so daß sich die Menschen an Gott wenden. Zu dieser Veränderung kommt es auch, weil Gott »eine Quelle zur Reinigung von Sünde und Unreinheit« fließen läßt (Sach 13,1).

»An jenem Tag« werden nicht nur die Verhältnisse geändert, es kommt auch zu einem neuen Verstehen der Vergangenheit: Das Volk erhält eine neue Fähigkeit des Sehens, sie erkennen, was sie am »Durchbohrten« angerichtet haben, und es kommt zu einer großen Totenklage (Sach 12,10–14).

Durch dieses neue Verstehen wird auch die Art der Geschichtsschreibung verändert: Sie wird nicht mehr einfachhin als Geschichte der Sieger geschrieben, sondern als Geschichte – und dies ist ein Merkmal biblischer Darstellung – als Geschichte, in die die Leidenserfahrung der einzelnen und der Völker aufgenommen wird.

Trauerfeier für den »Durchbohrten«

Aufgrund des Eingreifens Gottes und der neuen Sehweise kommt es zu einer großen Totenklage, in deren Mittelpunkt der »Durchbohrte« steht. In dieser Trauerfeier drücken sich die Reue und der Umkehrwille des Volkes aus. Diese Feier ist auch keine Siegesfeier über die Vernichtung der Feinde, sondern ein reuevoller Rückblick auf das sündige Verhalten der Menschen.

Der »Durchbohrte« ist eine geheimnisvolle Gestalt. Manche Erklärer dieser Schriftstelle denken – eine der alten Textformen lautet nämlich: »Sie schauen auf mich ...« – an Gott selber: Die Bewohner von Jerusalem besinnen sich auf ihr Tun und erkennen, daß sie durch ihr konkretes Verhalten und durch ihre Lebensauffassung Gott selber bis ins Herz getroffen haben und daß sie nun auf diesen Gott, den Durchbohrten, schauen.

Dieses »Durchbohren«, diese »Verletzung« Gottes geschieht ganz konkret in der Geschichte. So kann man, wie viele Ausleger vorschlagen, auch an andere Personen denken, die den Menschen zum Opfer fallen, an denen sich aber Gottes Heilshandeln vollzieht. Man könnte etwa an den »leidenden Gottesknecht« denken (vgl. Jes 53,5). Das Unrecht an Gott geschieht dadurch, daß die Menschen einen Propheten oder einen Boten, der das »Herz Gottes« offenbart, ablehnen. Der Gottesknecht ist ein Vertrauter Gottes, der auf gewaltlose Weise durch seine Botschaft Gottes Gemeinschaftsordnung für die Völker offenbart. Zwar scheint der Auftrag völlig zu scheitern, weil das Gottesvolk Widerstand entgegensetzt; doch wird dann das Volk das Leid des Gottesknechtes anerkennen als Widerspiegelung des eigenen

*Jesus, ... der uns dem kommenden Gericht Gottes entreißt (Thess 1,10).
Weltgerichtsbild in Sankt Johann in Mellaun. Von Meister Leonhard von Brixen, 1464.
Der unterhalb des Gerichtschristus stehende Engel präsentiert die Leidenswerkzeuge. Die Lanze
steckt im Herzen Christi.*

Starrsinns gegen Gott. Aufgrund dieser »Umkehr« kann das Gottesvolk von Gott geheilt und gerettet werden.

Der tiefe Schmerz der Umkehr und Erneuerung wird durch den Vergleich mit dem Verlust eines einzigen Sohnes und durch den Vergleich mit großen Klagefeiern im Lande verdeutlicht. Diese Klage ist zugleich Zeichen der Umkehr.

Der Text im größeren Zusammenhang:

Jesus – der »Durchbohrte«

Mancher Leser des biblischen Textes mag bedauern, daß diese geheimnisvolle Gestalt des »Durchbohrten« in der Deutung nicht klar zutage treten kann. Diese »Unbestimmtheit« und »Offenheit« des Textes lädt den Leser ein, den Sinnreichtum dieser Gestalt zu sehen: Es ist Gott, der bis ins innerste Herz durch die Menschen verletzt wurde; es ist der geheimnisvolle leidende Knecht Gottes; vielleicht ist es ein Opfer der Lynchjustiz; vielleicht sind es die vielen Leidenden in der Menschheit.

Im Johannesevangelium weist das Wort vom Durchbohren auf den gekreuzigten Jesus hin: Die Menschen werden auf Jesus, den Durchbohrten, schauen. So ist Jesus der Mittelpunkt für viele Menschen: besonders für die Leidenden, die von ihm Heil erwarten; er ist auch ein neuer Mittelpunkt, da die Menschen nun auf einen Leidenden (und nicht auf einen Siegreichen) schauen.

Der Text als Spiegel für unser Leben:

Auf den »Durchbohrten« schauen in unserer Zeit

Wer auf das Herz Jesu schaut, bekommt auch einen Blick für das, was sich im Herzen der Menschen abspielt: Ein so geprägter Mensch erkennt auch die durchbohrten Herzen von Menschen und wird sich um ein offenes Herz für die Menschen bemühen. Als pastorales Anliegen entspricht dem die Wahrnehmung der gesellschaftspolitischen Verantwortung.

Totenklage in unserer Zeit

Auch in unserer Zeit braucht es eine Totenklage über den Durchbohrten, über die vielen Durchbohrten. Es gibt viele Menschen, die »durchbohrt«, die bis ins Herz getroffen sind, deren Leben vernichtet ist, die keinen Anteil erhalten am Leben. Zwar wird heute viel von Lebensqualität gesprochen, doch geschieht dies oft unter einem egoistischen Vorzeichen, während für viele Formen des Lebens (der ungeborenen Kinder, der alten Menschen, der notleidenden Völker) wenig Interesse besteht.

Das Fernsehen ermöglicht es, auf viele »Durchbohrte« zu schauen. Freilich bleibt es oft beim bloßen Zuschauen, in vielen Fällen auch aus der Ohnmacht heraus, daß der einzelne Mensch nicht helfen kann. In vielen Begegnungen mit den Armen besteht auch die Gefahr des Wegschauens.

Echte Totenklage führt zur Solidarität und zur Stellvertretung. In einer Zeit, in der Menschenleben oft mit Füßen getreten und die Welt verwüstet wird, braucht es Menschen, die »gutmachen«, was angerichtet wurde; es braucht Menschen, die dazu beitragen, daß die Welt in Ordnung kommt, daß die Beziehungen zwischen Gott und den Menschen und untereinander heil werden. Dieses Wiedergutmachen geschieht durch das fürbittende Gebet, durch stellvertretendes Leiden, durch gelebtes Zeugnis, durch tatkräftigen solidarischen Einsatz.

So ist es, wie schon zu den Zeiten des Propheten Sacharja, eine der Gaben Gottes für unsere Zeit, daß er den Geist des Mitleids, der Trauer und der Solidarität schenkt.

Im gekreuzigten Jesus die Menschen sehen

Der hl. Franziskus beginnt sein Testament mit einem Wort über das Sehen: »Als ich in Sünden war, kam es mir sehr bitter vor, Aussätzige zu sehen. Der Herr hat mich unter sie geführt, und ich habe ihnen Barmherzigkeit erwiesen. Und da ich fortging von ihnen, wurde mir das, was mir bitter vorkam, in Süßigkeit der Seele und des Leibes verwandelt.« Der hl. Franziskus hatte die Fähigkeit, im Gekreuzigten den Sohn Gottes zu sehen, zugleich aber auch den notleidenden Mitmenschen, und in den Notleidenden sah er Christus. So führt der Glaube zur Gemeinschaft mit Gott und zur Solidarität mit den Menschen.

Gründe zur Hoffnung:

Die verklärten Wundmale

Die Wundmale sind ein bleibendes Kennzeichen des Auferstandenen: An den Wundmalen und an der Seitenwunde erkennt der ungläubige Thomas den Herrn (Joh 20,24–29). Jesus ist geprägt durch sein Leiden und seine Leidenserfahrung.

Literatur

Es seien einige Werke genannt, die berücksichtigt wurden. Nicht eigens angeführt sind die Kommentare zu den Bibelstellen.
Bettan Giorgio S.I., Attirerò tutti a me, Roma 1991;
Bodi Daniel/Rose Martin (Hg.), Der altorientalische Hintergrund des Themas der »Ströme lebendigen Wassers« in Joh 7,38. In: Johannes-Studien: Interdisziplinäre Zugänge zum Johannes-Evangelium, 1991 (bes. zu Teil III);
De la Potterie Ignace, Il mistero del cuore trafitto. Fondamenti biblici della spiritualità del Cuore di Gesù, Bologna 1988;
Gedanken zur Herz-Jesu-Jubelfeier (1796–1946). In: Rivista Diocesana Trentina, April 1946;
Internationales Institut vom Herzen Jesu (Hg.), Entwicklung und Aktualität der Herz-Jesu-Verehrung; mit Beiträgen von De la Potterie, Ratzinger, Suenens u. a., Aschaffenburg 1984;
Liturgische Kommission der Deutschen Bischofskonferenz (Hg.), Unter dem Zeichen des Herzens (Zum 75jährigen Jubiläum der Weihe Deutschlands an das Heiligste Herz Jesu, 10. Jänner 1915), 1990;
Rscj Vandana/Soares-Prabhu George M. (Hg.), Wasser des Heils. Eine indische Deutung der durchbohrten Seite Jesu (Joh 19,31–37). In: Wir werden bei ihm wohnen. Das Johannesevangelium in indischer Deutung, 1984 (bes. zu Teil II);
Schart Aaron, Mose und Israel im Konflikt: Eine redaktionsgeschichtliche Studie zu den Wüstenerzählungen, 1990 (bes. zu Teil I);
Tessarolo Andrea, Theologia cordis. Appunti di teologia e spiritualità del cuore di Gesù, Bologna 1993.

Gottes Herz für die Menschen
Zur Theologie der Herz-Jesu-Verehrung

von Lothar Lies SJ

Vorbemerkung – Eine nicht unproblematische Frömmigkeit

Die Herz-Jesu-Verehrung ist ein Ausdruck der Volksfrömmigkeit und hat eine wechselvolle Geschichte: Entstanden aus der Sehnsucht nach einem Gott, der ein Herz für die Menschen hat und der Anteil nimmt an ihrem Schicksal, wurde sie angefeindet aus politischen und selbst aus kirchlichen Kreisen; sie hat in der Frömmigkeitsgeschichte ihre Höhepunkte erlebt (die Väterzeit, die Frauenmystik des 13. Jahrhunderts, im 17. und 18. Jahrhundert in Frankreich, durch den Bau vieler Herz-Jesu-Kirchen im 19. Jahrhundert).

In unserer Zeit hat das Symbol des Herzens Jesu etwas von seiner Aussagekraft verloren. Gegen die Herz-Jesu-Verehrung hat es in der Zeit, da sie mehr und mehr die breiteren Schichten der Gläubigen eroberte, nicht geringen Widerstand gegeben. Dieser Widerstand kam nicht nur von den antikirchlichen, liberalen, sondern auch von den kirchlichen und sogar höchstkirchlichen Kreisen. Nicht erst im 17. und 18. Jahrhundert haben sich Päpste gegen eine Art Verehrung des von der Person Christi isolierten Herzens bzw. eines Herzmuskels gewehrt, weil sie um die gottmenschliche Einheit der Person Jesu fürchteten. Noch heute ist daher die Darstellung des von der Person Jesu losgelösten Herzens Jesu auf den Altarbildern der öffentlichen katholischen Gotteshäuser nicht erlaubt.

Auch aufklärerische Theologen, die an Jesus mehr das menschlich-religiöse Genie bewunderten und ihn nicht so sehr als den menschgewordenen Gottessohn anerkannten, wollten vom Christusgeheimnis allein annehmen, was aus der menschlichen Vernunft abzuleiten ist. Sie machten sich nun nicht nur die Befürchtungen des Lehramtes zu eigen, sondern unterstellten frech, die Menschen verehrten tatsächlich einen von Christus losgelösten Herzmuskel, und begannen die Herz-Jesu-Frömmigkeit zu verspotten. Wie in der Jesuitenkirche in Innsbruck und anderswo ließen solche Kreise das Herz des Jesusbildes übermalen.

Die Lehren der Aufklärung und vor allem die Übergriffe und Eingriffe der Regierungen in das religiöse Leben der Kirche provozierten nun ihrerseits das Gegenteil im Raum der Kirche, das heißt eine noch tiefere und innigere Herz-Jesu-Frömmigkeit, die sich sogar kämpferisch und durch lautes Aufbegehren der Bevölkerung, wie ebenfalls in Innsbruck geschehen, gegen diesen Geist rationalistischer Aufklärung wandte. Doch auch hier schlug das Pendel manchmal gutgemeint zu weit aus, und zwar in Richtung von Gefühl und romantischer Herzens-Religion; Glaube wurde zum Gefühl und Bekenntnis zum Gegenbegriff von Vernunft. Die Herz-Jesu-Frömmigkeit wurde in weiterer Folge als irrationales und romantisches

Gefühl praktiziert und sank, wie die Kritiker der Herz-Jesu-Verehrung sagen, zu Privatisierung der Frömmigkeit und Religiosität herab.

Die Vorbehalte gegen die Herz-Jesu-Frömmigkeit enthalten meist ein Korn Wahrheit und waren Anlaß zur berechtigten Sorge der Übertreibung; zugleich geht mit diesem Korn Wahrheit meist auch ein Stück Mißverständnis einher.

Kritik kommt heute vor allem von jenen Menschen, die nach dem Menschenmorden zweier Weltkriege und angesichts der Armut in der heutigen Welt die süßlich-kitschige Darstellung Jesu nicht ertragen und als verlogen empfinden. Zu einem solchen Menschen kann Gott nicht Mensch geworden sein. Der, der mit dem Menschen mitleidet, kann nicht in süßlicher »Eiscreme-Farbe« und weichlichen Gesichtszügen dargestellt werden. Viele Jugendliche können weder mit der Darstellung des Herzens Jesu noch mit der Frömmigkeit überhaupt etwas anfangen. Schwierigkeit macht auch das Liedgut, das sich um die Herz-Jesu-Verehrung herumgruppiert und, wenn es zudem noch stark mit gewissen Landschaften und Ländern verbunden ist, nicht selten an Blut-und-Boden-Dichtung erinnert.

Die Bemühungen der theologischen Arbeit, die Verbindung zwischen dem Herzen Jesu und dem Ostergeheimnis, dem Herzen Jesu und der Kirche (vgl. die Theologie der Väterzeit), zwischen Herz Jesu und irdischem Leben Jesu zu betonen, und die Klärung des Begriffes der Sühne sind zuwenig in das breite Bewußtsein der Gläubigen getreten.

Wie dem auch sei – wir versuchen auf den folgenden Seiten einige, da und dort auch kritische Hinweise zur Herz-Jesu-Verehrung für heutige Menschen zu geben, wissend, daß auch der Begriff »Herz Jesu« schon weithin auf emotionale Ablehnung stößt. Zu diesem Tun legitimiert uns eine Schar von Menschen unserer Heimat Tirol und Süddeutschlands, die gerade durch eine solche Frömmigkeit den Zugang zu Jesus Christus und schließlich zum dreifaltigen Gott ebenso findet wie den zu Buße und Eucharistie. Es legitimiert uns vor allem die Tatsache, daß wir in der Herz-Jesu-Frömmigkeit den Weg in die Mitte des christlichen Glaubens finden. In dieser Mitte begegnen sich immer der dreifaltige Gott und der von ihm geschaffene und begnadete, zur Gemeinschaft mit seinesgleichen und mit Gott bestimmte Mensch. Darum geht es letztlich auch in der Herz-Jesu-Frömmigkeit. Die Würde des Menschen besteht besonders darin, daß ihm Gott begegnet.

Herz Jesu: Gottes Herz für die Menschen

Herz – ein Urwort für die Mitte des Menschen

Herz ist ein Urwort des Selbstverständnisses des Menschen, ja der ganzen Menschheit, und liegt daher aller begrifflichen, kulturellen, philosophischen und theologischen Ausdifferenzierung voraus. Als dieses Urwort liegt es noch vor jeder Definition, die der Mensch von sich selbst gibt. Dennoch ist dieses Wort nicht blind, irrational, dumpf, sondern meint vor aller Selbstdifferenzierung des Menschen die

Mit menschlichen Fesseln zog ich sie an mich, mit den Ketten der Liebe (Hos 11,4).
Herz-Jesu-Bild im Dom von Brixen. Von Albrecht Steiner von Felsburg, um 1896.

intuitive Erfahrung seiner Selbstgegebenheit, meint die elementar-vorrationale Unterscheidung von Gutem und Bösem und ist die Basis jeder konkreten Gewissensentscheidung. Herz steht noch vor aller Unterscheidung des Menschen in Individuum und Gemeinschaft, besagt aber schon die spontane eigene Wahrnehmung und darin auch die des anderen Menschen. Wenn ich »Herz« sage, meine ich nicht nur mich, sondern auch den anderen Menschen. Allenfalls wäre ich herzlos. Herz liegt zudem noch jedem religiös-differenzierenden Bekenntnis des Menschen zu irgend einer Religion voraus, liegt deshalb auch noch vor all deren Theologien, noch vor allen Konfessionen und Konfessionalisierungen.

Herz ist die Instanz im Menschen, die sich nicht ideologisieren und verpolitisieren läßt. Herz meint als Urwort die selbstgegebene Fülle, Freiheit und Werthaftigkeit des Menschseins und seiner personalen Mitte, meint eine lebendig wache, nicht rechthaberisch vordrängende, eher leicht verletzliche Kompetenz des Mensch- und Personseins. Herz ist demnach die allen Selbstvollzügen des Menschen vorausliegende Mitte der Person.

Schon hier sei darauf hingewiesen, daß eine Frömmigkeit, die sich mit dem Herzen (Jesu) abgibt, von den Gläubigen eine hohe, reife, weise und umfassende Kompetenz an Menschlichkeit und tiefer, im strengen Sinn des Wortes verstandener Herzlichkeit fordert, die beide nicht mit intellektueller oder kultureller Bildung verwechselt und ihr auch nicht entgegengesetzt werden dürfen. Ist eine solche Kompetenz nicht gegeben, kann diese Frömmigkeit entweder Infantilisierungen und sogar Regression in Unmündigkeit und Würdelosigkeit des Menschen bewirken oder ganz im Gegenteil Ideologisierung und religiöse Tyrannei hervorrufen. Echte Bildung des Herzens kann auch bei Naturvölkern vorhanden sein. Übrigens: Die Kompetenz und der innere Adel einer Mutter als Mutter ist auch nicht von deren Ausbildung und Universitätsstudium abhängig.

Herz Jesu – Symbol für personale Würde des Menschseins

Wenn wir Herz als die personale Mitte des Menschseins bezeichnen und dieser Mitte einen allen Selbstentdeckungen und Selbstentscheidungen des Menschen vorausliegenden Adel zugesprochen haben, dann ist auch Herz Jesu vor aller theologischen Deutung ein zentrales Symbol für die personale Würde des Menschen Jesus und überhaupt des Menschen. Dies zeigt Jesus besonders daran, daß und wie er ein Herz für die anderen hat. Jesus weist uns darauf hin, wie er selbst personales Sein versteht, indem er anderen Menschen in sich Lebensraum und Stimme gibt.

a) Herz Jesu – offen für andere Menschen

Wer Jesus kennenlernen und seine Achtung der Würde der Menschen erfahren will, muß nur jene biblischen Berichte meditieren, die Jesu Umgang mit den Menschen schildern. Einige solcher Begegnungen seien angedeutet. Seine Wundertaten entstehen vor allem aus einem Mitleid mit den Menschen, die ihm begegnen.

In seinem Mitleid sieht und achtet Jesus den ganzen Menschen, nicht nur einen Gelähmten, einen Reichen. Nicht nur einen »Fall«! Jesus sieht den persönlichen Schmerz einer Mutter über den Verlust ihres Sohnes, sieht aber auch, daß eine Witwe, wenn sie ihren einzigen Sohn verliert, in soziale Nöte kommt (Lk 7,11–17). Sein Blick auf die Mitmenschen schließt die soziale Dimension ein. Überhaupt läßt Jesus sich in seinem Mitleid von körperlicher und seelischer Not der Menschen ansprechen und betreffen, wie er es in der Begegnung mit den beiden Blinden von Jericho zeigt (Mt 20,29–34). Seine Einstellung ist in dem wahrscheinlich echten Jesuswort zusammengefaßt: »Nicht die Gesunden bedürfen des Arztes, sondern die Kranken« (Lk 5,31). Und weil er den ganzen Menschen sieht und auch dessen religiöse Wirklichkeit beachtet, kann er sofort anfügen: »Ich bin gekommen, um die Sünder zur Umkehr zu rufen, nicht die Gerechten« (Lk 5,31). Jesu Ruf in seine Nachfolge verletzt nicht, kann jedoch enttäuscht werden wie durch das Weggehen des reichen Jünglings. Jesus spürt immer mehr, daß er in seinem Leben Raum schaffen darf für alle Menschen, die mit irgendwelchen Mühsalen beladen sind: »Kommt alle zu mir, die ihr euch plagt und schwere Lasten zu tragen habt. Ich werde euch Ruhe verschaffen. Nehmt mein Joch auf euch und lernt von mir; denn ich bin gütig und von Herzen demütig; so werdet ihr Ruhe finden für eure Seele. Denn mein Joch drückt nicht, und meine Last ist leicht« (Mt 11,28–30).

Überhaupt haben die Menschen in seinem Herzen einen unkündbar bleibenden Platz, weil Jesus selbst treu ist. Das hat Johannes in seinem Evangelium als Grundhaltung Jesu besonders herausgestellt, wenn er betont, wie Jesus gegenüber den Aposteln von seiner Sorge für die ewige Zukunft der Jünger bei seinem und ihrem Vater spricht: »Euer Herz lasse sich nicht verwirren. Glaubt an Gott, und glaubt an mich. Im Haus meines Vaters gibt es viele Wohnungen. Wenn es nicht so wäre, hätte ich euch dann gesagt: Ich gehe, um einen Platz für euch vorzubereiten. Wenn ich gegangen bin und einen Platz für euch vorbereitet habe, komme ich wieder und werde euch zu mir holen, damit auch ihr dort seid, wo ich bin« (Joh 14,1–4).

Wir können also sagen, daß die urkirchliche Verkündigung noch weiß, wie sehr Jesus in seinem Herzen für die Menschen Platz hatte und selbst für echte Menschlichkeit einstand, aber auch seinem Vater im Himmel in sich Raum gab, indem er sich als dessen besonderen, letztlich ewigen Sohn verstand.

b) Herz Jesu zeigt, was Person bedeutet

Die Menschen fanden heraus, daß sie im Herzen Jesu einen Platz und auch eine Stimme haben, kurzum geborgen sind. Aus dieser Erfahrung läßt sich für uns Heutige, die wir nicht mehr so genau wissen, was eine Person ist, beschreiben: Person ist jene von sich selbst nicht besetzte Freiheit, die in sich einer anderen Person und deren Freiheit Lebens-Raum und Stimme gibt. Diese Definition läßt sich auf die menschliche Person schlechthin anwenden. Ein Herz für den anderen haben können heißt, Person zu sein. Der wird immer mehr Person, der immer tiefer anderen Menschen in sich Raum und Stimme geben kann und selbst in anderen Menschen und Herzen Lebensraum und Stimme findet.

*Wer mit dem Herzen glaubt …
wird Gerechtigkeit und Heil
erlangen (Röm 10,10).
Hl. Thomas verehrt das Herz
Jesu. Schrankfüllung von
Josef Giner, 1791. Tiroler
Volkskunstmuseum, Innsbruck.*

Herz Jesu – Symbol des Mensch gewordenen Sohnes Gottes

Wir haben das Urwort Herz als Mitte des Menschen bestimmt. Wenn wir also vom Herzen Jesu sprechen, fragen wir nach der Mitte dieses Jesus von Nazareth und erkennen als diese Mitte die Person des Sohnes Gottes.

a) Herz Jesu – Herz des Sohnes Gottes

Wenn wir nach der Mitte dieses Jesus von Nazareth fragen, wer er zutiefst und eigentlich ist, dann ist die Antwort heute noch die gleiche wie damals, die Jesus

Streck deine Hand aus und leg sie in meine Seite (Joh 20,27b).
Zu den frühesten Herz-Jesu-Darstellungen in Tirol zählt das von Josef und Franz Giner 1771–1776 ausgeführte
Deckengemälde in Tulfes bei Innsbruck. Zu den Verehrern des Herzens Jesu werden Maria mit ihren Eltern,
zudem der Kirchenpatron Thomas mit Romedius und die beiden Wetterherren gezählt.

selbst bei seinen Jüngern provozierte: »Als Jesus in das Gebiet von Cäsarea Philippi kam, fragte er seine Jünger: Für wen halten die Leute den Menschensohn? Sie sagten: Die einen für Johannes den Täufer, andere für Elija, wieder andere für Jeremia oder sonst einen Propheten. Da sagte er zu ihnen: Ihr aber, für wen haltet ihr mich? Simon Petrus antwortete: Du bist der Messias, der Sohn des lebendigen Gottes« (Mt 16,13–15).

Daß die Kirche diese Aussage immer im Sinne auch der Präexistenz des Sohnes Gottes, d. h. im Sinne der Existenz des Sohnes Gottes vor der Erschaffung der Welt gedeutet hat, zeigt sie u. a. damit, daß sie das die Präexistenz lehrende Johannesevangelium mit seinen ganz ähnlichen Stellen in den Kanon ihrer neutestamentlichen Schriften aufnahm. Das deutet etwa die Berufungsgeschichte des Natanael an: »Jesus sah Natanael auf sich zukommen und sagte über ihn: Da kommt ein echter Israelit, ein Mann ohne Falschheit. Natanael fragte ihn: Woher kennst du mich? Jesus antwortete ihm: Schon bevor dich Philippus rief, habe ich dich unter dem Feigenbaum gesehen. Natanael antwortete ihm: Rabbi, du bist der Sohn Gottes, du bist der König von Israel!« (Joh 1,47–49).

Eine ähnliche Szene schildert ebendort Johannes, wenn er das Bemühen der Jünger beschreibt, Jesus kennenzulernen. Letztlich haben wir es auch hier mit einem Hinweis auf den vor aller Schöpfung schon lebenden Sohn Gottes zu tun, der die Mitte Jesu ist und Jesus als Gott-Menschen erkennen lehrt: »Am Tage darauf stand Johannes [sc. der Täufer] wieder dort, und zwei seiner Jünger standen bei ihm. Als Jesus vorüberging, richtete Johannes seinen Blick auf ihn und sagte: Seht, das Lamm Gottes! Die beiden Jünger hörten, was er sagte, und folgten Jesus. Jesus aber wandte sich um, und als er sah, daß sie ihm folgten, fragte er sie: Was wollt ihr? Sie sagten zu ihm: Rabbi – das heißt übersetzt: Meister – wo wohnst du? Er antwortete: Kommt und seht« (Joh 1,35–37). Die Mitte Jesu, die diese Jünger entdecken, wird auch von anderen Jüngern oft und oft formuliert und reicht von: »Du bist der Sohn Gottes« (Joh 1,49) bis hin zum Bekenntnis des Thomas: »Mein Herr und mein Gott« (Joh 20,28).

Von dieser Mitte her wird alles menschliche und herzliche Mitgefühl Jesu mit anderen Menschen, sein Reden und Tun zugleich zum Ort göttlichen Mitgefühls, göttlichen Redens und Tuns, zu Heilung und Heil für alle Menschen. Wer in seinem Herzen Platz gefunden hat, der hat im Sohne Gottes Platz gefunden.

Das Herz Jesu, die Mitte seiner menschlichen Existenz, ist der Ort des Herzschlages des Sohnes Gottes, gewissermaßen Zeichen und Wirklichkeit, Ur-Sakrament aller Begegnungen der Menschen mit Gott und Gottes mit den Menschen.

b) Herz Jesu am Herzen des Vaters

Die urchristliche Tradition war aufgrund des gläubigen Umgangs mit dem vorösterlichen und zugleich auch nachösterlich-auferstandenen Christus überzeugt, daß der, der Jesus sieht, auch den Vater Jesu sieht (Joh 14,9). Die jungen Christengemeinden wußten, wer diesen Jesus nicht kennt, kann auch seinen und ihren Vater nicht kennen (Joh 8,19). Es wird niemand zum Vater kommen, außer durch ihn (Joh

14,6). Es galt und gilt auch das Umgekehrte: Wer Christus haßt, haßt auch den Vater (Joh 15,23). Und dieser Sohn Gottes, das ewige Wort des Vaters ruht seit Ewigkeit her am Herzen des himmlischen Vaters: »Niemand hat Gott je gesehen. Der einzige, der Gott ist und am Herzen des Vaters ruht, hat Kunde gebracht« (Joh 1,18).

Daraus folgt für eine gesunde Herz-Jesu-Frömmigkeit, daß wir eben nicht beim Nur-Menschen Jesus und bei seinem nur-menschlichen Herzen, das oft durch Idylle gefährdet ist, stehenbleiben dürfen, sondern in der Mitte Jesu, die der Sohn Gottes ist, auch den himmlischen Vater als den Ursprung allen Lebens sehen sollen. Allerdings bleibt dies immer an dieses menschliche Herz Jesu gebunden. Durch, mit und im Herzen Jesu finden wir den himmlischen Vater. Wer im Herzen Jesu Platz findet, der ruht mit diesem Herzen Jesu am Herzen des Vaters.

Wie dieser Vater uns gegenüber gesonnen ist, macht besonders der Evangelist Lukas in einer Perikope, die nur er berichtet, deutlich. Im »Gleichnis vom verlorenen Sohn« (Lk 15,11–32), das man besser als »Gleichnis vom gütigen Vater« bezeichnen sollte, beschreibt Lukas als eigentliche Aussageabsicht den gütig verzeihenden Vater. Nachdem der »verlorene« Sohn sich innerlich aufgemacht und gesprochen hatte: »Ich will aufbrechen und zu meinem Vater gehen und zu ihm sagen: Vater, ich habe mich gegen den Himmel und gegen dich versündigt. Ich bin nicht mehr wert, dein Sohn zu sein; mach mich zu einem deiner Tagelöhner« (Lk 15,18f), nach dem allem zeigt uns Lukas (letztlich) den Vater (Jesu): »Der sah ihn [sc. den verlorenen Sohn] schon von weitem kommen, und er hatte Mitleid mit ihm. Er lief dem Sohn entgegen, fiel ihm um den Hals und küßte ihn. Da sagte der Sohn: Vater, ich habe mich gegen den Himmel und gegen dich versündigt; ich bin nicht mehr wert, dein Sohn zu sein. Der Vater aber sagte zu seinen Knechten: Holt schnell das beste Gewand und zieht es ihm an, steckt ihm einen Ring an die Hand, und zieht ihm Schuhe an. Bringt das Mastkalb her, und schlachtet es; wir wollen essen und fröhlich sein. Denn mein Sohn war tot und lebt wieder; er war verloren und ist wiedergefunden worden. Und sie begannen, ein fröhliches Fest zu feiern« (Lk 15,18–24). Mit diesem Gleichnis spricht Jesus von seinem himmlischen Vater und dessen Verhältnis zu uns von Gott abgefallenen Menschen.

Wer also in Jesu Mitte geborgen ist, wer im Herzen des Sohnes Gottes am Herzen des himmlischen Vaters ruht, der feiert mit diesem Vater das große Fest der Heimkehr und Wiederfindung. Wer Jesus sieht, sieht diesen Vater; wem Jesus Raum und Stimme gibt, dem gibt der Vater Lebensraum und Stimme.

c) Herz Jesu – Fülle des Heiligen Geistes

Die echte Herz-Jesu-Frömmigkeit geleitet uns in Christus auch zur Fülle des Heiligen Geistes. Johannes zeigt diesen Geist im Herzen des Messias, des Sohnes Gottes: »Am letzten Tag des Festes, dem großen Tag, stellte sich Jesus hin und rief: Wer Durst hat, komme zu mir, und es trinke, wer an mich glaubt: wie die Schrift sagt: Aus seinem Inneren werden Ströme von lebendigem Wasser fließen. Damit meinte er den Geist, den alle empfangen sollten, die an ihn glauben; denn der Geist war noch nicht gegeben, weil Jesus noch nicht verherrlicht war« (Joh 7,7–39). Jesu

Freut euch mit mir; ich habe mein Schaf wiedergefunden, das verloren war (Lk 15,6). Herz Jesu im Typus des Guten Hirten. Relief am Chorgestühl der Stiftskirche Muri-Gries, 1906.

Mitte ist ausgefüllt vom Heiligen Geist. Sein geöffnetes Inneres läßt diesen Geist als lebendiges Wasser für alle entströmen. In Jesu Herz finden wir den Geist der Wahrheit und der Stärke, den Geist des Rates und der Frömmigkeit, den Geist der Liebe und des Gebetes. Wir finden in Jesu Herzensmitte den Geist, der die Menschen zusammenführt, der das Herz Jesu für alle öffnet und allen Menschen darin Platz gibt und so Gemeinschaft und – wie unten gezeigt wird – Kirche baut.

d) Herz Jesu – Herz des dreifaltigen Gottes.

Das menschliche Herz Jesu als Symbol besagt die Mitte Christi, besagt die Person des Mensch gewordenen Sohnes Gottes. In, mit und durch dieses Herz ist diese Mitte des Gott-Menschen Jesus Christus Ort des Sohnes, Ort des Vaters und Ort des Heiligen Geistes. Im Sohn haben wir den Sohn des Vaters, im Heiligen Geist den Geist des Vaters. Damit wird Herz Jesu als Mitte des Mensch gewordenen Sohnes

Der gute Hirt gibt sein Leben hin für die Schafe (Joh 10,11). Guter Hirte. Prozessionsfigur in der Pfarrkirche von Niederrasen, Anfang 19. Jahrhundert.

Gottes zugleich zum Ort des dreifaltigen Gottes, aber auch zum menschlichen Herzen des dreifaltigen Gottes. Herz Jesu besagt damit auch jenes Herz, das der dreifaltige Gott für die Menschen hat. Dieses Herz zeigt einerseits gegen allen Tritheismus, daß dieser dreifaltige Gott wirklich einer ist, weil seine dreifaltige Fülle sich eben in einem einzigen Herzen ausdrückt; dieses Herz zeigt aber auch andererseits, daß der dreifaltige Gott immer und bleibend ein Herz, und zwar bleibend ein menschliches Herz für den Menschen hat. Das Realsymbol der Liebe des dreifaltigen Gottes zu den Menschen ist ein menschliches Herz. Noch kürzer: Das Symbol der Liebe Gottes ist der Mensch. Die trinitarische Ausrichtung der Herz-Jesu-Verehrung räumt auf mit jeder nur jesuanischen Frömmigkeit, die die Gottheit Christi vergißt. Vielmehr führt eine trinitarische Deutung der Herz-Jesu-Verehrung zur Würde, Größe und Weite des dreifaltigen Gottes selbst. Eine solche Deutung findet im dreifaltigen Gott den Ursprung und letzten Grund für die Würde des

Menschen, weil der Mensch und seine Würde im dreifaltigen Gott begründet sind. Nach dessen Bild ist der Mensch auch geschaffen: »Dann sprach Gott, laßt uns Menschen machen als unser Abbild, uns ähnlich [...] Gott schuf also den Menschen als sein Abbild, als Abbild Gottes schuf er ihn. Als Mann und Frau schuf er sie« (Gen 1,26f).

Herz Jesu – Ursprung und bleibender Raum der Kirche

Oben haben wir gezeigt, daß Herz den Ort und den Vollzug jener vorreflexen Intuition des Menschen von sich selbst und seinem Verhältnis zu anderen Menschen meint, eine Mitte, die wir als Person definiert haben: Person ist jene Freiheit von sich selbst, die einer anderen Freiheit in sich Lebens-Raum und Stimme gewähren kann. Damit besagt Herz Jesu die Mitte einer »Gott-Menschlichen« Person, die so frei von sich selbst ist, nicht über ihr Gott- und Mensch-Sein wie über einen Raub wachen muß, sondern andere menschliche, d. h. leib-geistige Personen zu deren Heil in sich aufnehmen kann. Wenn die Kirche die »vom Herrn Gerufene«, d. h. die »Ekklesia kyriake« ist, dann ist sie jene Gemeinschaft, die sich in Christus hinein versammelt und in seinem Herzen vereint ist. Da dieses Herz trinitarisch zu verstehen ist und als Ort des anwesenden dreifaltigen Gottes gilt, ist die Kirche das im Herzen Jesu durch Vater, Sohn und Heiligen Geist geeinte Sakrament des Heiles in der Welt. Letzteres hat das II. Vatikanische Konzil mit dem Worten Cyprians deutlich gemacht: »So erscheint die ganze Kirche als das von der Einheit des Vaters und des Sohnes und des Heiligen Geistes her geeinte Volk« (LG 1). Der Raum dieser Einheit ist das Herz des Sohnes, die Mitte Christi. In ihm wird die Kirche der zu diesem Herz gehörende, in diesem Herzen geborgene und bis an die Peripherie versorgte Leib Christi. Herz-Jesu-Verehrung hat eine ausdrücklich kirchliche Dimension und ist dort fehl am Platze, wo sie nicht in die Mitte der Kirche eingebunden ist. Denn die Kirche selbst findet ihren Lebensraum und ihre Stimme in diesem Herzen des Gott-Menschen Jesus Christus.

Herz Jesu: Ort des Gebetes und der Hingabe

Jeder Mensch versucht aus seiner Mitte heraus und auf seine Mitte hin zu leben. Nur so bleibt er und wird er immer mehr mit sich identisch und als Person auch Persönlichkeit. Herz Jesu ist als Mitte des Menschen Jesus der Sohn Gottes. In ihm lebt Jesus auf den Vater hin und vom Vater her. Beide Bewegungen sind nicht zu trennen und geschehen in, mit und durch den einen vom Vater und vom Sohn ausgehenden Heiligen Geist. Im menschlichen Herzensgebet Jesu vollzieht sich der Heilige Geist als die Liebe des Sohnes zum Vater und des Vaters zum Sohn. Wer im Herzen Jesu betet, der betet im Sohn und im Vater, weil er im Heiligen Geist betet. Gebet wird im Herzen Jesu zum Atmen des Menschen im dreifaltigen Gott.

Verkitschtes Herz Jesu:
Entwürdigung Gottes und des Menschen

Gründe gegen die Herz-Jesu-Verehrung und manche kitschige Darstellungen des Herzens Jesu in Wort und Bild, die wir hier als Indiz für die Verkitschung des Menschen und seines Gottes deuten wollen.

Selbstverkitschung des Menschen

Kitschige Herz-Jesu-Darstellungen sind zunächst Zeichen für eine Selbstverkitschung des Menschen. Die Gründe sind objektiver und subjektiver Natur. Objektiv sind sie insofern, als sie in der »Sache« Herz Jesu selbst gelegen sind. Subjektiv wären sie insofern zu nennen, als es um religiöse Vorstellungen im Künstler und in den Menschen geht, die solche Werke herstellen oder kaufen.

a) Objektive Gründe

Eine objektive Schwierigkeit der Darstellung des Herz Jesu in Wort und Bild liegt vor allem darin, daß Herz Jesu ein Symbol ist, das ursprünglich im Kontext einer

Er hat beschlossen, die Fülle der Zeiten heraufzuführen (Eph 1,10).
Wachs-Christkind mit ausgeschnittenem Herz-Jesu-Symbol an der Schreinrückwand. Tanas, Pfarrbesitz.

*Denn uns ist ein Kind geboren,
… die Herrschaft liegt auf seiner
Schulter (Jes 9,5).
Segnendes Christkind mit dem
Herzen an der Brust. Um 1900.
Pfarrkirche Niederrasen.*

mystischen Schauung gesehen wurde. Weder der darstellende Künstler, noch der sein Kunstwerk betrachtende Mensch stehen in diesem mystischen Erleben, das den echten Kontext zum rechten Verständnis des »Gegenstandes« liefern würde. In einer gewissen Weise ist der Künstler angewiesen, die Aufzeichnungen der Mystiker gleich einem Polizeiprotokoll zu verstehen. Weil wir also in diesen mystischen Kontext des Sehers nicht erlebnismäßig, sondern gewissermaßen nur informativ hineingenommen sind, fehlt uns die dem Geschauten angemessene mystische Objektivität. Weiter gilt: Wir haben noch nicht einmal das durch Eigenerfahrung erprobte Organ, von dem her solche Herz-Jesu-Erfahrungen wie übrigens alle anderen Schauungen möglich und unverkitscht aussagekräftig sind. Kitsch bedeutet also hier oft Pseudo-Objektivität und Mystik-Ersatz und insofern immer in etwa auch einen frommen Betrug.

*Nahe ist der Herr den zerbrochenen Herzen
(Ps 34,19).
Statuette des Herzens Jesu, eine geschnitzte
Umsetzung des Batoni-Typus.
Grödner Holzschnitzerei, um 1900.*

b) Subjektive Gründe

Wir haben oben Herz als das Symbol für die Mitte der menschlichen Person bestimmt. Wenn der Mensch Gefallen an der Verkitschung des Symbols seiner Personmitte findet oder wenn er überhaupt das Symbol des Herzens ablehnt, dann sagt das nur, daß ihm diese Mitte abhanden gekommen und in ihrem Wert entfremdet ist. Der Mensch zeigt damit, daß er seine Würde verloren hat oder von ihr entfremdet ist. Verkitschung und Ablehnung scheinen uns überhaupt eine Weise der Entfremdung zu sein. Die kitschige Darstellung trifft nicht mehr die Wirklichkeit. Kitsch ist Entfremdung von der Wirklichkeit und ihrer Werthaftigkeit. Oder umgekehrt: Findet der Mensch Gefallen am Kitsch, sagt er damit, daß er sich selbst nur verkitscht und von sich entfremdet gefällt und keinen realen Zugang zu sich selbst hat.

Verkitschung des Menschen als Verkitschung Gottes

a) Der Gott-lose Gott

Vor einiger Zeit brachte das österreichische Fernsehen den Bericht über den Verkaufsboom von Gartenzwergen. Eine einfache, alleinstehende ältere Frau wurde gefragt, warum sie solch einen Gartenzwerg erstanden habe. Sie gab vor der Kamera die Auskunft, sie habe niemanden, mit dem sie sprechen könne. Dieser Gartenzwerg erhalte auf ihrem Tisch einen Ehrenplatz, so daß sie beim Essen mit ihm vertrauensvoll reden und ihm ihr Herz ausschütten könne. Der Gartenzwerg ersetzt einen nicht vorhandenen Partner. Die Frau ist sich in ihrer nothaften Partnerwahl ihrer eigenen Würde nicht bewußt, weil sie den eigentlich gesuchten Menschen und damit sich selbst auf die Ebene eines Gartenzwerges erniedrigt. Sie hat noch vor der ihr möglichen Selbst-Achtung still ihre Würde verloren.

Seite 58, links:
Eßlöffel aus Bein mit den eingravierten Leidenswerkzeugen. Um 1800. Tiroler Volkskunstmuseum, Innsbruck.

Seite 58, rechts:
Zinnernes Weihwasserkrüglein mit dem Symbol des Herzens Jesu. Beispiel für das als Haussegen aufgehängte Symbol. 18. Jahrhundert. Tiroler Volkskunstmuseum, Innsbruck.

Seite 59:
Mit menschlichen Fesseln zog ich sie an mich, mit den Ketten der Liebe (Hos 11,4). Passionskasel mit den Leidenswerkzeugen Christi. Anfang 19. Jahrhundert. Pfarrkirche Sankt Martin in Gsies.

Erhält unbewußt dann dieser Gartenzwerg noch eine religiöse Dimension und wird zum Adressaten geheimster Gebete, dann ist auch mit der Würde des Menschen Gottes Würde gefallen. Wir können zudem von einer Privatisierung Gottes sprechen, die allein noch im nicht mehr bewußt verantworteten Gefühl des Menschen ihren Ort findet; die Würde des Menschen ist zum Gefühlswert, die Würde Gottes zum Privatgefühl geworden. Gott ist für uns Gott-los geworden und wir finden uns in einer gottlosen Beziehung zu Gott.

Übertragen wir dies auf das kitschige Herz-Jesu-Bild, dann müssen wir feststellen, wie sehr dieses Symbol für die Mitte des Gott-Menschen Jesus Christus sowohl den Menschen als auch Gott entwertet. Der Mensch erfährt seine Würde nicht mehr, erkennt den Menschen als sein Gegenüber allein im Gefühl von »Eis-Creme-Farben« und Süßlichkeit. Diesem Gefühl kommt zudem noch die Bedeutung eines ausschließlich privaten und intimen Zugangs zum Menschen Jesus zu, über die nur wieder das Gefühl Rechenschaft geben kann. Wieviel naive und doch teuflische Oppression ist durch solche irrationalen Gefühle entstanden! Die Botschaft des Herzens Jesu, die Person Jesu Christi und so auch Gott selbst sind damit privatisiert. Gott ist seine Würde los, insofern ist Gott Gott-los geworden. Wir haben es mit einem gottlosen Popanz zu tun.

b) Der Gott-lose Mensch

In dieser Idylle des Nur-Gefühls und des Privaten ist nicht nur der Mensch seiner eigenen Würde entfremdet; er ist nicht nur die Würde Gottes los, sondern sein Verhältnis zu Gott selbst ist Gott losgeworden und hat sozusagen Gott verloren. Denn wenn man es genau nimmt, beziehen sich die Gefühle der Idylle nur immer auf den Menschen. Er ist, weil er seine wahre Würde verloren hat, sich selbst zum Gott seiner idyllischen Projektionen geworden. Der Mensch ist sich selbst sein heimlicher und privater Gott geworden. Daher ist all sein religiöses Gefühl in Wahrheit Gott-los und insofern gottlos, unchristlich und letztlich wider die Würde des Menschen. Nicht umsonst konnten im Kontext auch der Herz-Jesu-Frömmigkeit religiöse Praktiken entstehen, die gegen die Würde Gottes und die des Menschen verstoßen. Wir werden im Zusammenhang mit der Ideologisierung der Herz-Jesu-Frömmigkeit nochmals auf dieses Thema zurückkommen.

Verkitschung als Machbarkeit Gottes und des Menschen

Wer einen Gartenzwerg kauft und damit »seinen« Gartenzwerg erwirbt und sich und zugleich Gott darin sucht und gefühlsmäßig darin erkennt, der sagt zugleich, daß der Mensch und auch Gott von jedem Menschen kaufbar und machbar sind. Gleiches sagt auch der, der sich ein kitschiges Herz-Jesu-Bild kauft. Er sagt mit dieser verkitschten Privatisierung von Mensch und Gott, daß der Mensch sich selbst den Menschen und sogar Gott und seinen Wert für sich selbst machen kann. Umgekehrt kann das heißen: Wenn ein Mensch mir fremd wäre, eben nicht nach meinem Gefühl und Geschmack, wenn er etwa sogar von schwarzer Hautfarbe wäre, dann kann er für mich keinen Wert haben. Wenn er nur für mich da ist, dann bin auch ich für ihn da. Und wiederum gegenteilig: Wenn Gott der Allgewaltige, der Große, der die Menschen unendlich Übersteigende wäre und dazu noch die Liebe zu allen Menschen wäre, dann könnte er nicht mein Gott sein. Denn mein Gott steht schön und niedlich, mit zwei ausgebreiteten Armen, die er mir entgegenhält, wie Nippes auf meiner Kommode und ist nur für mich da und hört nur auf mich. Schließlich habe ich ihn gekauft, ich habe ihn mir zum Gott erschaffen, weil ich ihn erwählte und ihm einen Ehrenplatz gab. Noch heute läge er verstaubt in der Schachtel einer Devotionalienhandlung.

Verkitschung als Entpersönlichung

Wir haben oben gesagt, daß Herz Jesu zugleich Ur-Symbol für den christlichen Personbegriff ist, den wir zusammenfaßten: Person ist jene Freiheit von sich selbst, die einer anderen Freiheit in sich Lebensraum und Stimme gewährt. Wer den idyllischen Christus, das »Herz-Jesu-für-mich-allein«, sucht und nur ihm Raum gibt, nicht aber denen, denen der echte Jesus von Nazareth selbst Raum und sogar ewiges Leben gegeben hat, der entpersönlicht zunächst sich selbst, weil er sich nicht öffnet für die anderen Menschen, sich so zu einer religiös und auch sonst verkorksten Un-Person macht und den Grundvollzug seiner Freiheit, nämlich Liebe und Treue, gar nicht lebendig sein läßt. Aber auch Gott wird entpersönlicht, weil er als Maskottchen und geistliches Schoßhündchen seines alle Menschen umfassenden und dreifaltig liebenden Personseins beraubt ist.

Verkitschung des Herzens Jesu als Ideologisierung

Unter dieser Überschrift verbirgt sich eine ganze Palette von Themen, die alle auf ihre Weise Ideologisierung als Entfremdung des Herzens Jesu meinen und sich insofern als Verkitschung erweisen.

a) Heroisierung

Von den Heroen heißt es, daß sie aufgrund besonderer Taten aus ihrem normalen Lebenskontext von den Göttern an den Himmel gesetzt und so den Menschen zum erzieherischen Vorbild und zum Ansporn gegeben wurden. Heroisches Vorbild wurden sie, insofern sie aus allen ihren persönlichen Lebensumständen und aus dem menschlichen Lebenskontext herausgelöst und davon entfremdet zum Typos, zum Programm, zur Idee und schließlich zur Ideologie wurden.

Zu manchen Zeiten wurde auch das Herz-Jesu ideologisiert, indem man es heroisierte, von Jesus Christus entfremdete und zum politischen Fanal machte. In dieser Sicht ist Jesus ein siegreicher Heerführer, der hilft, politische Anliegen durchzusetzen. In dieser Heroisierung wird Jesus seiner ureigensten Anliegen beraubt und entfremdet, denn man nimmt nicht wahr, daß gerade dieser Jesus gesagt hat: »Wer zum Schwerte greift, der wird durch das Schwert umkommen« (Mt 26,52; vgl.14,48; Lk 22,52). Und in Jerusalem ritt Jesus nicht ein wie ein Aufständiger, der seine Heimat von den Römern befreien wollte, sondern auf einem Esel, der gerade die politische Ohnmacht dessen verdeutlichen sollte, der alles auf Gott setzt (Joh 12,14). Die Heroisierung Jesu unter der Figur eines Nationalhelden läßt nichts mehr von dem in ihm begründeten Glauben erkennen, den die Kirche seit ihren Anfängen bekennt: Als Sohn Gottes ist er um aller Menschen willen Mensch geworden und ist für alle gestorben, nicht nur für bestimmte jüdische und andere Nationalisten.

b) Folklorisierung

Die Herz-Jesu-Verehrung ist den Gefahren, die unter Umständen mit der Volksfrömmigkeit verbunden sind, ausgesetzt: Religiöses Brauchtum und liturgische Funktionen werden manchmal folkloristisch ausgenützt. Sie sind damit aus ihrem normalen sinnstiftenden Kontext herausgerissen und ihrem Wesen entfremdet (Schauprozessionen, Ankurbelung des Fremdenverkehrs).

c) Politisierung und Nationalisierung

Wir haben zwischen einer falschen, gewissermaßen schlechten Politisierung und einer richtigen, gewissermaßen guten Politisierung des Glaubens zu unterscheiden. Es gibt im Glaubensbereich eine Ideoligisierung des Herzens Jesu, die man durchaus auch als schlechte Politisierung bezeichnen darf. Dies geschieht, wenn das Herz Jesu als Partei auf der eigenen Seite angesehen wird: Herz Jesu für uns. Die Kirche selbst ist nicht ganz unschuldig an dieser falschen Politisierung, weil sie selbst da und dort das Herz Jesu gegen liberale Regierungen anrief und damit die eigene, rein machtpolitisch und gar nicht im Sinne des nicht von dieser Welt seienden Reiches Gottes verstandene Herrschaft retten wollte. In manchen Ländern der Erde ist die Politisierung des Glaubens und der Herz-Jesu-Verehrung zu einer unguten, andere Menschen verachtenden Nationalisierung ausgewachsen.

Von dieser, weil gegen die Würde des Menschen und die Ehre Gottes gerichteten schlechten Politisierung ist die rechte und in allen christlichen Überzeugungen steckende und so auch mit dem Herzen Jesu verbundene gute Politisierung zu unterscheiden. Sie sieht das Herz Jesu im Kontext des Lebens Jesu, insofern er der Heiland ist. Die eucharistische Liturgie bekennt dies in ihrem IV. Hochgebet: »Den Armen verkündete er die Botschaft vom Heil, den Gefangenen Freiheit, den Trauernden Freude. Um deinen Ratschluß zu erfüllen, hat er sich dem Tod überliefert, durch seine Auferstehung den Tod bezwungen und das Leben neu geschaffen.«

Die rechte Politisierung der Sendung Christi besteht also im Blick auf den Menschen und seine soziale Stellung, seine grundsätzliche und von Gott gegebene Bestimmung zu irdischem Glück und zugleich zu ewigem Heil; diese gute Politisierung des Anliegens Christi besteht weiters im Blick auf die jedem Menschen zustehende Freiheit, die der Überschreitung politischer und kultureller Grenzen und die des Gewissens, der Berufswahl, der Heirat und Partnerwahl, der Kinderzahl, des Aufenthaltes und der zur Sicherung der Familie notwendigen Freiheit zum Erwerb von Besitz; echte Politisierung des Anliegens Jesu besteht auch im unveräußerlichen Recht der Trauernden auf Trost, sei dies der persönliche Beistand der Menschen zu einer würdigen Sterbestunde, sei dies die wirkungsvoll tröstende Hilfe im Verlust eines Partners, der zur Existenzsicherung oder wesentlich zur Erziehung der Kinder beitrug. Es kann sich aber auch um das unveräußerliche Recht auf die bergende Sicherheit einer Heimat für Flüchtlinge und Fremde handeln, wenn Jesus fordert, den Armen die Botschaft vom Heil zu verkünden. Denn in der irdischen Heimat wird die himmlische erst glaubhaft und glaubbar. Hier liegt auch das fundamentale Recht des Menschen auf Hoffnung und diesseitiges und jen-

Mir bricht das Herz in der Brust (Jer 23,9). Herz Jesu in Wachs- und Klosterarbeit. 19. Jahrhundert. Tiroler Volkskunstmuseum, Innsbruck.

seitiges Heil, d. h. auf so verschiedene Dinge wie Brot und Freiheit des Glaubens. Denn es gibt eine Hoffnung des Leibes und eine Hoffnung der Seele. Es handelt sich um das Grundrecht aller Menschen, wenn Jesus nach der Freiheit der von Sklavereien aller Art Gefangenen ruft, nicht zuletzt um die Freiheit der Gewissen.

Wer Jesus und sein Anliegen nationalistisch engführt und politisch als gegen jemanden gerichtet versteht, der kann nicht vom universellen Heilswillen Gottes, nicht vom universellen Heilstod Jesu, der ja für alle gestorben ist, sprechen, der kann auch nicht Mitglied der katholischen Kirche sein, weil er gerade diese Katholizität in seinem Tun leugnet; die Kirche kann ihre »Umfassendheit«, d. h. für alle Menschen dazusein, deshalb nicht aufgeben, weil sie als das für alle Menschen offene Sakrament der Gegenwart Christi, seines Heilstodes und des universellen Heilswillens des himmlischen Vaters verstanden werden muß, Elemente, die ja gerade in dem einen Herzen Jesu zusammengefaßt sind und allen Menschen offenstehen.

Herz Jesu: Symbol für falsche und wahre Sühne

Als schweres psychologisches Hindernis für die Herz-Jesu-Verehrung erweist sich eine im Zusammenhang mit dieser Frömmigkeit unachtsam und oft gegen die Würde Gottes und des Menschen vorgetragene Auffassung von Sühne. Manche Menschen haben in ihrem Leben bleibende Schäden aufgrund einer falschen Sühnemystik davongetragen und deshalb dem Christentum den Rücken gekehrt.

Wir wollen in einem ersten Abschnitt die falsche Sühnevorstellung als Entfremdung von Christus und so auch als Profanierung der Heils-Tat Gottes schildern; wollen in einem zweiten Abschnitt Aspekte eines christlichen Sühneverständnisses vortragen und in einem dritten einige kurze Bemerkungen zur Erlösungsvorstellung machen, wie sie mit der Herz-Jesu-Verehrung verbunden sind.

Die falsche und unchristliche Sühnevorstellung

a) Der rachsüchtige Gott

Vor allem seit der wohl falsch verstandenen Genugtuungslehre des Anselm von Canterbury (1033–1109), aber auch seit dem die mehr fränkisch-germanische Gottesvorstellung vom absoluten Souverän, in dessen Hand Leib und Leben seiner rechtlosen Untertanen liegen, in die christliche Gottesvorstellung eingebrochen war, glaubte man, Gott verlange für die Sünden der Menschen eine Sühne nach dem Prinzip der Majestätsbeleidigung. Bei Majestätsbeleidigungen richtete sich (für Anselm) die Schwere der Beleidigung nach der Größe der Majestät, bzw. Gottes, während sich die Kraft der Sühne nach der Größe bzw. Kleinheit des rechtlosen Menschen richtete. Daher verlangte die wirksame Sühne der Beleidigung des unendlichen Gottes den Sühne-Tod einer ewigen, göttlichen Person, den des Sohnes Gottes. Der Sohn hatte also die Rachsucht des Vaters eine Ewigkeit lang zu stillen und seinen einmaligen Tod ewig zur Besänftigung des Vaters aufzuopfern. Der Sohn hatte sich gewissermaßen dem Vater wie einem Leviathan in den Rachen zu werfen, damit der Vater nicht die Menschen verschlinge, sondern den Sohn. Die Menschen konnten sich diesem Tod und der Sühne Christi nur durch ihre eigenen Opfer anschließen. Dieser Anschluß an das Opfer Christi verleitete viele Menschen dazu, nun mit unsäglichen, oft selbstgesuchten und selbstzerstörerischen Opfern sich dem Opfer Christi zu verbinden. Eine allgemeine Heilsunsicherheit trieb die sogenannten Sühneübungen mehr und mehr in die Höhe. Zudem entstand ein Handel mit der Gnade Gottes, der im Ablaßwesen seinen spukhaften Höhepunkt und in der Reformation seine radikalste Ablehnung erreichte. Das Motto »Gott ist alles, der Mensch nichts« pendelte zum Gegenmotto »Der Mensch ist alles, Gottes Gnade käuflich und nichts« hin und auch wieder zurück.

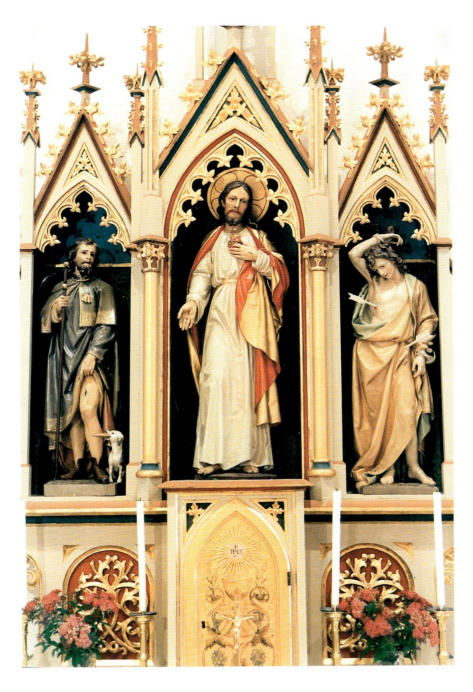

*Unsere Seele hofft auf den Herrn; er ist für uns Schild und Hilfe (Ps 33,20).
Bezeichnend für die Frömmigkeit des 19. Jahrhunderts ist die enge Beziehung des Herz-Jesu-Bildes
zum Tabernakel. Die alten Altarpatrone treten nur mehr als Seitenstatuen auf. Herz-Jesu-Altar
in der Pfarrkirche von Gummer. Von Josef Wassler, um 1900.*

b) Entfremdung, Sühne und ihre Verkitschung

Blickt man nun mehr auf den Menschen, der seine Sühne zu vollziehen gedenkt, so stellen wir oft auch hier Entfremdungen von Sünde und Sühne fest, die einer Verkitschung, weil Verharmlosung der Sühne gleichkommen. An drei Erlösungsvorstellungen wollen wir dies aufzeigen: an Stellvertretung, Loskauf und Sündenbock.

Wer die Sühne so versteht, daß allein und ausschließlich ein anderer stellvertretend für meine Sünden leidet und sühnt, der entfremdet meine Sünde von mir; entweder kann ich oder brauche ich nichts für meine Sünden zu tun. Diese Haltung ist heute in säkularer Denkart weit verbreitet, christlich verstanden neigt sie zu Fatalismus. Ähnliches gilt für den Loskauf. Kauft ein anderer mich aus der Gefangenschaft des Teufels los, in die ich durch meine Sünden gekommen bin, so hat der Loskauf mit meiner Sünde direkt nichts zu tun. Zwischen meiner Sünde als Eintritt in die Gefangenschaft und meinem Losgekauftsein besteht kein innerer Zusammenhang. Der Akt des Loskaufs hat wohl etwas mit meinem Freiwerden, nichts aber mit meinem Knechtgeworden-Sein zu tun. Ähnliches muß man von einer naiven Vorstellung vom Sündenbock sagen. Wenn meine Sünden ausschließlich auf einen anderen gelegt werden, der sie dann wegträgt und vernichtet, dann fragt sich, was ich selbst mit dieser Vernichtung meiner Sünden zu tun habe? Wiederum handelt es sich um eine Entfremdung von mir als Sündentäter und Erlösten. Wir haben es mit einem Erlösungsvorgang zu tun, der den Sünder von sich selbst entfremdet, anstatt es zu ermöglichen, ein neues Verhältnis zu seiner Sünde und zu seinem persönlichen Sündersein zu bekommen.

Sühne ist nicht Entfremdung, sondern Umleiden der Sünde

a) Die dem Sünder verbleibende Würde

Um die dem Sünder trotz des Sünder-Seins noch verbleibende Würde zu verdeutlichen, müssen wir auf die Schöpfungswirklichkeit des Menschen zurückgehen. Der Mensch ist nicht nach irgend einem Willen Gottes irgendwohin gesetzt. Der Mensch ist aus Nichts von Gott frei in die Partnerschaft Gottes gerufen, und auch seine Erlösung durch Gott selbst hebt diese Partnerschaft nicht auf. Der Mensch wird nie gegen seine Zustimmung und immer auch gemäß seiner von der Gnade Gottes erhobenen Freiheit erlöst. So achtet Gott die Würde des Menschen. Der Mensch ist also seiner Erlösung nicht fremd. Daher ist Stellvertretung nie gegen und ohne Freiheit und Würde des Menschen zu verstehen, als ob der Mensch heilsunmündig sei. Daher ist Loskauf immer mit dem Menschen verbunden, der auch, bei aller Begnadung, sein Scherflein beizutragen hat. Ebenso kann keine Sündenbocktheologie unsere Billigung finden, die die Befreiung des Menschen ohne und gegen den Menschen vollzieht. Irgendwie muß bei aller Unterschiedenheit von Sündenbock und Sünder doch auch wieder eine innere Identifikation beider angenommen werden, wenn man die Würde des Menschen auch im Heilsgeschehen retten und

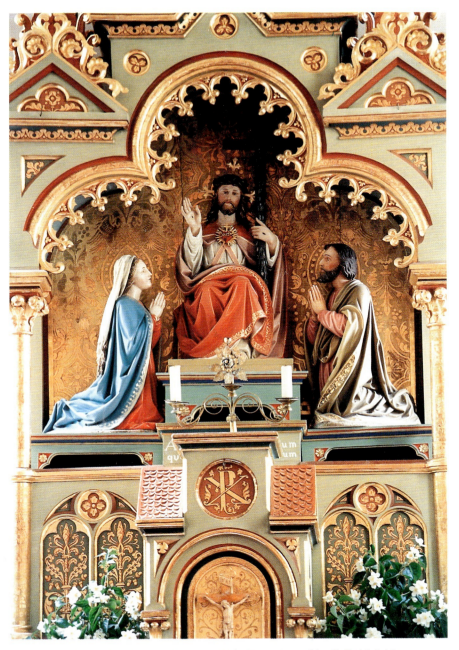

Und wenn die Lebewesen dem, der auf dem Thron sitzt und in alle Ewigkeit lebt, Herrlichkeit und Ehre und Dank erweisen … (Offb 4,9).
Die geschnitzte Skulpturengruppe in der Herz-Jesu-Kirche von Tanas geht auf Entwürfe von Dominikus Trenkwalder in Meran zurück. Vergleichbar einer Deesisgruppe verehren Maria und Josef das thronende Herz Jesu, das segnend die Wundmale weist und zugleich das vornehmster Marterwerkzeug in Händen hält. Von Anton Santifaller, 1901.

Maria aber bewahrte alles, was geschehen war, in ihrem Herzen und dachte darüber nach (Lk 2,19). Herz Mariä mit dem vom Schwert durchbohrten Herzen mit Lilie. Mitte 19. Jahrhundert. Wohl von Anton Psenner.

ihn nicht zur Marionette göttlichen Heilswillens degradieren und so auch Gott selbst nicht lächerlich machen will.

b) Sühne: Gottes Gnade und das Umleiden der Sünde

Sühne kommt von Versöhnung, zu der Gott nach der biblischen Botschaft den ersten Schritt tut. Sühne ist insofern Gottes Gnade gegenüber der Würde des Menschen. Was kann nun der Mensch tun? In dem Wohlwollen Gottes gegenüber dem Menschen kann der Mensch den zweiten Schritt tun, um aus seiner durch die Sünde etablierten Gottferne in die durch den ersten Schritt Gottes angebotene Gottesnähe zu treten. Wie tut der Mensch das? Indem er seine Sünde anerkennt und zur selbsterwirkten Gottferne steht; er kehrt von dort aus um in die von Gott in Christus gewirkte Gottesnähe. Seine Gottferne leidet der Sünder um und hinein in die schon gegenwärtige Gottes-Nähe, die im auferstandenen Christus uns immer

Dir selbst aber wird ein Schwert durch die Seele dringen (Lk 2,35b). Dolorosa mit dem von sieben Schwertern durchbohrten Herzen. Detail aus einem Vesperbild von Christian Greiner, 1711. Tanas, Sankt Peter.

gegeben ist. Der Prozeß endet mit dem Lobpreis Gottes: Hoch preist meine Seele den Herrn, weil er mich in der Niedrigkeit dieser Sünde nicht von sich ferngehalten hat, sondern mir nahegekommen ist, damit ich ihm nahekommen kann. In seiner begnadenden Nähe konnte ich meine Gottferne erkennen und annehmen und aus dieser Entfernung zu ihm umkehren. So konnte ich meine Ferne in der Nähe Gottes zu mir in meine Nähe zu Gott umwandeln. Jetzt kann ich mit Augustinus von »felix culpa« sprechen und sagen: Alles ist Gnade. Kurz und einfach gesagt, geschieht dies in jeder echten Reue.

c) Der Mensch gewordene Sohn Gottes als Ort der Sühne

Gott hat den Menschen in allmächtigem Ruf zu seinem Bundespartner geschaffen. Dieser Ruf erging in seinem Wort, das zugleich sein Sohn ist. Das Bundesverhältnis und der Bundesraum, in dem der Mensch des Vaters Partner ist, ist also der

Sohn Gottes selbst. Jede Sünde gegen den Vater ist zugleich gegen das Bündnis und so gegen den Sohn; Sünde ist Störung dieses im Sohn begründeten Verhältnisses Gottes gegenüber dem Menschen, ist eine Störung im Sohn und gegen den Sohn. Daher ist auch die Nähe Gottes gegenüber dem Sünder nur im Sohn möglich. Denn in ihm ist der Mensch geschaffen und Partner Gottes. Die versöhnende Nähe Gottes und so der erste Schritt auf den Vater zu ist dem Menschen nur im Sohn angeboten. Umgekehrt kann der Mensch aus seiner Sünden-Ferne dieser Nähe des Vaters wieder nur im Sohne antworten. Nur im Sohn als der gnadenhaft vorgängigen Nähe Gottes zum Menschen kann der Mensch seine Gottferne reuend in seine Nähe zu Gott umwandeln. Daher muß man sagen, daß das Versöhnungsgeschehen zwischen dem Vater und den Menschen nur im Sohn geschehen kann, nur in ihm ist Vergebung, nur in ihm ist der Mensch fähig zur fruchtbaren und umkehrenden Reue.

In diesem Versöhnungsgeschehen kommt dem Kreuz eine entscheidende Bedeutung zu. Einerseits zeigt das Kreuz des Sohnes Gottes, daß Gott selbst dem Menschen in seinem Sohn in die Gottferne nachkommt und den ersten Schritt der Versöhnung tut. Zum anderen zeigt das Kreuz dem Menschen, wie in den Augen Gottes Gottesferne aussieht. Gottferne zeigt sich im Kreuz als Frucht der Sünde und zugleich als Tod. Der Mensch kann im Kreuz Christi seine eigene Gottferne, d. h. seinen Tod, als Frucht der Sünde annehmen und im gekreuzigten Sohn die Nähe Gottes beim Sünder erkennen. Zugleich kann der Mensch so seine Gottesferne im Sohn umleiden in seine eigene Nähe zum nahen Gott. Das kann er aber nur, weil der Sohn selbst schon ineins einerseits die Nähe Gottes (wahrer Gott) zum Menschen (wahrer Mensch) in der Gottferne (Kreuz), andererseits die schon umgelittene Gottesferne des Sünders (Kreuz und Auferstehung als wahrer Mensch) zu Gott (wahrer Gott) ist.

d) Herz Jesu als Ort der Sühne

Das rechte Verständnis der Sühne kann nicht sein, daß das Herz Jesu als Sündenbock, Loskäufer und Stellvertreter den Menschen beim Ausleiden der Sühne verdrängt und ihm so die Würde nimmt.

Sühne im Sinne des reuigen Umleides der Gottferne des Sünders in Gottesnähe kann nur im Sohne Gottes geschehen, weil in ihm als Schöpfungswort die Würde des Menschen gründet und in ihm die Nähe Gottes der Ferne des Menschen und die Ferne des Menschen der Nähe Gottes begegnen. Dort vereinigen sich Ferne und Nähe. Und dies ist Versöhnung. Im, durch und mit dem Mensch gewordenen Sohn Gottes liebt der Gott-ferne Mensch seine Gottferne um in Nähe zu Gott, weil vorher Gott selbst die Sündenferne mit seiner Gottesnähe umgeliebt hat. Zeichen und Wirklichkeit dieser nie mehr vergehenden Umkehr ist die Auferstehung Christi und die in ihr erwirkten Sendung des Heiligen Geistes zu dieser in der Auferstehung offenbarten Dialektik von Gottes liebender Negation aller vom Menschen kommenden Gottes-Negation.

Herz Jesu ist jener Mensch gewordene Raum der Liebe, in dem der Vater seine liebende Nähe den Menschen anbietet, damit die Menschen in dieser Liebe zur

Nähe Gottes befreit sind, nun ihrerseits in, mit und durch Christus im Heiligen Geist ihre Gott-Ferne selbst in liebende Nähe zu Gott reuig umzuleiden. Wer den Sünder aus dem Umleiden seiner Gottferne ausschließt, der sagt damit, Gott selbst liebe sich stellvertretend für den Menschen, d. h. liebe nur sich, weil er den Menschen letztlich verachtet. Der sagt, daß Gott selbst für den Menschen, aber entgegen seiner Liebe den Loskauf tätigt; der sagt, Gott selbst setze den Sündenbockmechanismus ohne und wider den Menschen in Gang. Wer so redet, der tötet in Wahrheit die Liebe Gottes und zugleich die Freiheit des Menschen. Herz Jesu und seine Sühne stehen also für beides: für den Gott, der den Menschen nicht gegen den Menschen erlöst, und für den Menschen, der in seiner Freiheit gnadenhaft zum Partner Gottes berufen bleibt auch dann, wenn diese Partnerschaft in der Sünde abgekühlt ist. In echter Reue, die immer die Gnade einschließt, lebt sie wieder auf.

Literatur

I. Päpstliche Enzykliken
Leo XIII. »Annum sacrum« (25. Mai 1899)
Pius XI. »Miserentissimus Redemptor« (8. Mai 1928);
»Caritate Christi compulsi« (3. Mai 1932)
Pius XII. »Summi Pontificatus« (20. Oktober 1939);
»Haurietis aquas« (15. Mai 1956)
Johannes Paul II. »Redemptor hominis« (4. März 1979);
»Dives in misericordia« (30. November 1980)

II. Wichtige päpstliche Schreiben
Johannes XXIII. »Inde a primis« (30. Juni 1960)
Paul VI. »Investigabiles divitias Christi« (6. Februar 1965);
»Diserti interpretes facti« (25. Mai 1965)
Johannes Paul II. »Schreiben an den Generaloberen des Jesuitenordens« (Original in französischer Sprache) (5. Oktober 1986)

III. Weitere Literatur
Maximilian Breig SJ (Hg.), Leben und Werke der heiligen Margareta Maria Alacoque. Authentische, vollständige Ausgabe in vier Bänden. Hier Bd. I. Selbstbiographie; Bd. II. Briefe. Leutesdorf 1991; 1993.
Cor Jesu. Commentationes in Litteras Encyclicas PII PP. XII »Haurietis aquas«, quas peritis collaborantibus ediderunt Augustinus Bea SJ, Hugo Rahner SJ, Henri Rondet SJ, Friedr. Schwendimann SJ. Vol. I et II (Pars theologica; Pars historica et pastoralis). Roma 1959.
Anna Coreth, Liebe ohne Maß. Geschichte der Herz-Jesu-Verehrung in Österreich im 18. Jahrhundert. Maria Roggendorf 1994.
Internationales Institut vom Herzen Jesu (Hg.), Entwicklung und Aktualität der Herz-Jesu-Verehrung. Aschaffenburg 1984.
Bernhard Häring CSSR, Weihe an das Herz Jesu. Freiburg i. d. Schweiz 1990.
Bernhard Häring CSSR, Herz Jesu und das Heil der Welt. St. Ottilien (2. Auflage) 1984.
Ferdinand Holböck, Aufblick zum Durchbohrten. Große Herz-Jesu-Verehrer aus allen Jahrhunderten. Stein am Rhein 1990. (Lit.).
Wilhelm Paschke, Landes- und Diözesanweihen an das Heiligste Herz Jesu. Vom 17. Jahrhundert bis heute. Maschr. Diplomarbeit. Theologische Fakultät der Universität Wien. Wien 1992.
Karl Rahner, La Devozione al Sacro Cuore. Rom 1967.
German Rovira (Hg.), »Ich lege mein Gesetz in ihr Inneres und schreibe es ihnen ins Herz« (Jer 31,33). Die Verehrung des Herzen Jesu und Marias. Stein am Rhein 1992.
Siehe dieses Herz. Studientagung über die Herz-Jesu-Verehrung. Herausgegeben von der Unio Cor Jesu. Maria Roggendorf 1993.
Josef Stierli (Hg.), Cor Salvatoris. Wege zur Herz-Jesu-Verehrung. Unter Mitarbeit von Richard Gutzwiller, Hugo Rahner und Karl Rahner. Freiburg i. Br. 1954.
Karl Wittkemper MSC, Herz-Jesu-Verehrung Hier und Heute (Respondeo 10). Abensberg 1990.

Das Herz Jesu zwischen Religion und Politik

Die Herz-Jesu-Verehrung
in der Kirchengeschichte und in der Geschichte Tirols

von Josef Gelmi

Unter Herz-Jesu-Verehrung versteht man die Verehrung der Person Jesu im Hinblick auf sein leibliches Herz, das als Symbol seiner Liebe angesehen wird.[1] Das dogmatische Fundament des Herz-Jesu-Kultes bildet das Konzil von Chalkedon, das 451 stattfand und dessen entscheidende Aussage lautet: »Wir bekennen einen und denselben Christus, den Sohn und Herrn, den Eingeborenen, der in zwei Naturen unvermischt und unverwandelt, ungeteilt und ungetrennt besteht. Niemals wird der Unterschied der Naturen durch die Vereinigung aufgehoben, es wird vielmehr die Eigentümlichkeit einer jeden Natur bewahrt, indem beide in eine Person und Hypostase zusammenkommen.«[2] Somit verbürgt die berühmte Lehre von der hypostatischen Union die Anbetung des Herzens Jesu. Dieser Kult hat sich in der Kirche allerdings nur allmählich und sehr langsam entwickelt. Das ist aber nichts Außergewöhnliches, wenn man bedenkt, daß die Geschichtlichkeit der christlichen Heilsordnung zu den Grundstrukturen des christlichen Lebens gehört.[3]

Die Herz-Jesu-Verehrung in der Geschichte der Kirche

»Fons vitae«: Die Herz-Jesu-Verehrung bei den Vätern und im Mittelalter

Die Herz-Jesu-Lehre der Kirchenväter kreist im Anschluß an Joh 7, 37 ff. und 19, 34 um das Wort »Quelle des Lebens«.[4] Hugo Rahner betont: »... über die ganze Geschichte der patristischen Theologie von der Seitenwunde Christi« kann man »das eine Kennwort setzen: ›Fons vitae‹. Vom Wasserquell aus dem durchbohrten Innern Christi bei Justinus und Irenäus ... geht eine nie abgebrochene Überlieferung des Denkens und Sprechens.«[5] Diese patristische Lehre von der Gnadenquelle aus der Seitenwunde Jesu wurde im Mittelalter zur Grundlage einer Verehrung des Herzens Jesu, die immer weitere Kreise erfaßte, z. B. den hl. Anselm von Canterbury († 1109), den hl. Bernhard von Clairvaux († 1153), den hl. Franz von Assisi († 1226) und ganz besonders die Deutsche Mystik.[6] Mittelpunkt dieser Strömung war das Kloster der Zisterzienserinnen in Helfta bei Eisleben, wo Mechthild von Magdeburg († ca. 1285)[7], die selige Mechthild von Hackeborn († 1299) und die hl. Gertrud die Große († 1302) lebten. Vor allem die Visionen Gertruds, die als Heroldin der Herz-Jesu-Verehrung im Mittelalter gilt, haben diesen Kult zum Gegenstand.[8] Bei diesem Reichtum der Herz-Jesu-Mystik ganz besonders in Dominikanerkreisen fällt allerdings auf, daß sie bei Thomas von Aquin keine Rolle spielte.[9] Im 14. Jahrhundert erreichte die Herz-Jesu-Mystik in Italien einen Höhepunkt, wo die hl. Katharina von Siena von ihr stark geprägt war.[10]

Die entscheidende Rolle
der hl. Margareta Maria Alacoque im 17. Jahrhundert

Seit dem Mittelalter vermerkt man einen verstärkten Drang von der privaten Herz-Jesu-Verehrung hin zum öffentlichen Kult. Der hl. Jean Eudes (1601–1680), der große Erneuerer des religiösen Lebens in Frankreich im 17. Jahrhundert, bemühte sich allerdings erfolglos, Messe und Offizium des Herzens Jesu in der Kirche allgemein einzuführen. Die Form, die Jean Eudes darbot, war weitgehend theologisch orientiert. Seine Überlegungen konzentrierten sich vornehmlich auf das menschgewordene Wort Gottes. Hingegen war die Art der Herz-Jesu-Verehrung der hl. Margareta Maria Alacoque (1647–1690) vielmehr gefühlsbetont. Man könnte beinahe sagen, sie ließ den fleischlichen Charakter gegenüber dem Gottmenschen besonders hervortreten. Ihre zentrale Idee war die Sühne, die durch Flammen und Wunden wiedergutmachende Liebe.[11] Margareta Maria Alacoque hatte im Kloster Paray-le-Monial in Burgund in den Jahren 1673 bis 1675 vier bedeutende Visionen, die mit bestimmten Aufträgen und Verheißungen verbunden waren. In der zweiten Vision schaute Margareta das Bild des göttlichen Herzens auf einem flammenden Thron, um das Herz war eine Dornenkrone und über ihm stand ein Kreuz.[12] Bei der vierten und bedeutendsten Vision forderte Jesus: »Deshalb verlange ich von Dir, daß am ersten Freitag nach der Fronleichnamsoktav ein besonderes Fest zur Verehrung meines heiligsten Herzens eingesetzt werde.«[13] Als besonderes Vermächtnis der Heiligen wird der Empfang der Sühnekommunion an ersten Monatsfreitagen mit der Verheißung eines guten Todes angesehen.[14] Karl Rahner sagt allerdings in diesem Zusammenhang, daß die Verheißungen von Paray-le-Monial »auch wenn sie aufs Ganze einer übernatürlichen Eingebung entspringend anerkannt werden, ist kritische Vorsicht berechtigt und die Möglichkeit von Ungenauigkeiten und Irrtümern in der Übermittlung der himmlischen Botschaft durch die heilige Seherin nicht a priori ausgeschlossen«.[15]

Die Legitimierung der Herz-Jesu-Verehrung im 18. Jahrhundert

Im 18. Jahrhundert konnte sich vor allem diese letztere Form der Herz-Jesu-Verehrung durchsetzen, die von den Visitantinnen und den Jesuiten stark propagiert wurde. Sie räumten den Visionen der hl. Margareta Maria Alacoque einen zentralen Platz ein und unterstrichen sehr stark den menschlichen Aspekt.[16] P. Claude de la Colombière (1641–1682) machte mit der Veröffentlichung seiner Exerzitienaufzeichnungen die Visionen Margareta Maria Alacoques bekannt.[17] Das Werk des Jesuiten Jean Croiset (1656–1738), das ebenfalls die Ideen von Paray-le-Monial ent-

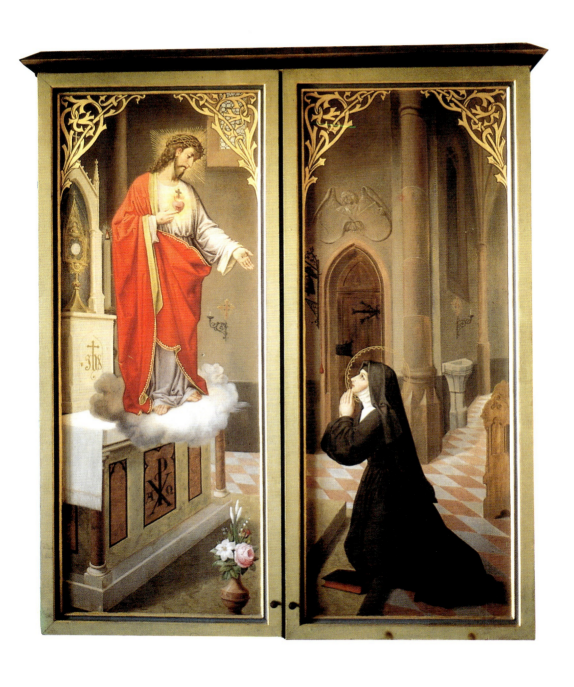

*Wir verkündigen … das Große, das Gott denen bereitet hat, die ihn lieben (1 Kor 2,9).
Margareta Maria Alacoque erlebt die Vision des Herzens Jesu. Flügelbilder an einem neugotischen
Herz-Jesu-Altar im Stift Muri-Gries. Um 1900.*

hielt, erntete allerdings lebhaften Widerstand und wurde 1704 sogar auf den Index gesetzt. Im Jahre 1726 sandte der Jesuit Joseph de Gallifet (1663–1749) ein Memorandum »De cultu sacrosancti cordis« an den damaligen Promotor fidei, Prospero Lambertini, dem späteren Papst Benedikt XIV. (1740–1758) und bat um Einführung des Festes. Aber die Ritenkongregation gab 1727 einen entschieden negativen Bescheid.[18] Im Jahre 1765 erlaubte schließlich Papst Klemens XIII. (1758–1769) eine Messe und ein Offizium vom Heiligen Herzen Jesu für Polen. Fortan wurde der liturgische Kult überall dort möglich, wo man ihn einführen wollte. Schon 1767 führte der Erzbischof von Paris, Christophe de Beaumont, das Herz-Jesu-Fest in seiner Diözese ein. Weitere Diözesen folgten seinem Beispiel. Obwohl die Jansenisten den Kult heftig bekämpften, breitete sich die Herz-Jesu-Verehrung gerade durch die Jesuiten immer mehr aus. Vor allem die dem Herzen Jesu geweihten Bruderschaften nahmen in dieser Zeit stark zu. So wird es verständlich, daß der Kult selbst der Französischen Revolution standhalten konnte.[19]

Auch in Italien breitete sich im 18. Jahrhundert durch die Förderung der Jesuiten die Herz-Jesu-Verehrung rasch aus. Die Mitglieder der Gesellschaft Jesu ließen von dem aus Lucca stammenden Maler Pompeo Girolamo Batoni (1708–1787) für die Kirche del Gesù in Rom 1765 ein Herz-Jesu-Bild malen, das wohl die berühmteste Darstellung dieses Genres wurde und zur Verbreitung der Verehrung ganz besonders beitrug. Der Kunsthistoriker E. Emmerling beschreibt das Bild wie folgt: »Christus als Brustbild in rosa Gewand, blauem Mantel und dunkelblondem bis auf die Schulter reichendem Haar. Mit der Linken hält er ein Herz, das aus einer Schnittwunde blutet, um das ein Dornenkranz gelegt ist und aus dem ein Kreuz und Flammen emporsteigen. Die rechte Handfläche zeigt ein Wundmal. Der Hintergrund ist dunkel, Herz und Haupt zeigen Strahlenglorien.«[20] Auch in Italien wurde der Kult von den Jansenisten bekämpft. In erster Linie vom Bischof von Pistoia Scipio Ricci und der Synode von Pistoia im Jahre 1786. Schon 1765 verfaßte Ricci einen Hirtenbrief gegen die Herz-Jesu-Verehrung, in dem er behauptete, daß die Einführung des Herz-Jesu-Festes auf einer Machenschaft der Jesuiten beruhe. Die Jünger des hl. Ignatius hätten Papst Klemens XIII. überredet, aber Papst Klemens der XIV. hätte alles wieder ins rechte Lot gebracht, indem er die Gesellschaft Jesu 1773 aufgehoben habe.[21] Die Anhänger der Herz-Jesu-Verehrung wurden in Anlehnung an das französische Wort »Cordicoles« verächtlich »Herzler« genannt.[22]

Das 19. Jahrhundert: das Jahrhundert der Herz-Jesu-Verehrung

Das 19. Jahrhundert sollte das »Jahrhundert des Heiligsten Herzen Jesu« werden.[23] Bereits 1837 hat der Linzer Bischof Ziegler den Kult generell in seiner Diözese eingeführt.[24] In der Herz-Jesu-Frömmigkeit spielte nun das Mitleid mit dem Opfer von Golgotha, der Sühnegedanke als Ausgleich für Verrat und Sünde, das Anliegen, das, »was am Leiden Christi noch fehlt, zu ergänzen«, eine große Rolle. In Frankreich

Der Ratschluß des Herrn bleibt ewig bestehen, die Pläne seines Herzens überdauern die Zeiten (Ps 33,11).
Das Passionsherz wird von den heiligen Sebastian, Maria, Johannes Ev. und Rochus verehrt.
Holzschnitt von Lukas Cranach dem Älteren, datiert 1505.

Daran haben wir die Liebe erkannt, daß Er sein Leben für uns hingegeben hat (1 Joh 3,16).
Hl. Katharina von Siena mit Herz und Handkreuz. Holzschnitt von Israhel van Meckenem.

nahm sich vor allem die dynamische Kongregation der Assumptionisten der Herz-Jesu-Verehrung an. Die äußere Krönung ihres Engagements bildete der 1874 begonnene und 1891 vollendete Bau der Sacré-Coeur-Basilika auf dem Montmartre in Paris.[25] Auch die 1814 wiedererrichtete Gesellschaft Jesu förderte die Herz-Jesu-Verehrung sehr intensiv, so daß sie nun auch von der Bevölkerung geradezu mit Begeisterung aufgenommen wurde. Die Betreiber des Kultes sahen darin das beste Mittel gegen die rationalistischen und genußsüchtigen Tendenzen der Zeit. Pius IX. (1846–1878) dehnte 1856 das Fest auf die ganze Kirche aus. 1864 sprach er Margareta Maria Alacoque selig. Es kam nun auch ein sozialer Aspekt hinzu. Die ganze Welt sollte die Souveränität des Herzens Jesu anerkennen und für seine »soziale Königsherrschaft« arbeiten. Der Gedanke der Herrschaft Christi wurde immer wichtiger.[26] In diesem Zusammenhang komponierte der Musiker Verboitte die

Stark wie der Tod ist die Liebe (Hld 8,6). Bernhard von Clairvaux verehrt den Schmerzensmann. Als Attribut ist ihm das von einem Pfeil durchbohrte Herz beigegeben. Holzschnitt von Lukas Cranach dem Älteren.

berühmte Motette »Christus vincit, Christus regnat, Christus imperat«. Nach der Weihe der Einzelpersonen, der Familien und der Ordensgenossenschaften verlangte man auch die feierliche Weihe der einzelnen Staaten. Belgien tat dies 1869, Frankreich und Ecuador 1873.[27] Auch die ganze Welt sollte dem Heiligsten Herzen geweiht werden, aber Papst Pius IX. konnte sich dazu nicht entschließen. Nach dem Verlust des Kirchenstaates verband man vor allem in Frankreich die Idee der Sühne mit dem Gedanken an den »Gefangenen des Vatikans« und an die nationale Niederlage. Diese eher zweideutigen Aspekte führten zu grandiosen Kundgebungen auf dem Montmartre.[28]

Leo XIII. (1878–1939) erhob 1889 schließlich das Herz-Jesu-Fest zum Fest erster Klasse. Nach der Enzyklika »Annum Sacrum« von 1899[29] wurde das konstantinische Siegeszeichen durch das »Heiligste Herz Jesu, vom Kreuz überragt, im herrlichen

Strahlenglanz eines Flammenkranzes« ersetzt. Die Zurückhaltung einer Weltweihe wurde nun fallengelassen. Leo XIII. führte dafür in seiner Enzyklika als Grund auch seine vor kurzem erfolgte Heilung aus schwerer Krankheit an. Nach der Jahrhundertwende weihte er dann die ganze Welt dem Herzen Jesu. In Rom errichtete Leo XIII. 1903 auch eine Erzbruderschaft, der es um eine besonders enge Verbindung zwischen Herz Jesu und Eucharistie ging. Die Zahl der Herz-Jesu-Genossenschaften, die unter diesem Pontifikat gegründet wurden, erreichte zwar nicht jene des vorausgehenden Jahrhunderts. Immerhin waren es 5 Priester- und 24 weibliche Kongregationen. Die Jesuiten weihten bereits 1872 alle ihre Provinzen dem Herzen Jesu. Zahllos waren weltweit kleinere und größere Blätter, die mit Herz-Jesu-Titeln erschienen. Nach Oskar Köhler verstärkte sich vor allem in dieser Zeit der demonstrative und herrschaftliche Charakter des Herz-Jesu-Kultes.[30]

Die besondere Förderung durch Pius XI.

Wie bereits dargelegt, gelangte die Herz-Jesu-Verehrung im 19. Jahrhundert besonders durch die päpstliche Förderung zu hohem Rang. Auch in der ersten Hälfte des 20. Jahrhunderts sollte sie in der Volksfrömmigkeit breitesten Raum einnehmen. Während des Ersten Weltkriegs trugen zahlreiche alliierte Soldaten das vom Kreuz überragte Herz auf der Brust. Kurz nach dem Krieg 1919 statteten die Königreiche Spanien und Belgien dem Herzen Jesu ihren Dank ab. Nach dem Modell von Montmartre wurden grandiose Gotteshäuser in Barcelona und Brüssel errichtet. Die Heiligsprechung Alacoques im Jahre 1920 bedeutete eine weitere offizielle Bestätigung der Herz-Jesu-Verehrung.[31] Als 1921 in Mailand eine katholische Universität errichtet wurde, weihte man sie dem Herzen-Jesu.[32] Besonders die Feier des ersten Freitags im Monat wurde mit Kommunion und dem Gebet für ein jeden Monat festgesetztes Anliegen des Papstes verbunden. Da die Gefahr für kitschigsentimentale Verzerrungen auf diesem Gebiet besonders groß war, bemühte man sich nun um eine solide theologische Fundierung. Sowohl Theologen als auch die päpstlichen Aussagen waren durch Rückgriff auf biblische Aussagen als auch auf die Vätertheologie gekennzeichnet. So die Enzyklika »Miserentissimus Redemptor« von 1928 von Papst Pius XI. (1922–1939), mit welcher der Papst angesichts der Nöte der Zeit auch zu Buße und Sühne aufrief.

Einwände und Förderung unter Pius XII.

Unter Pius XII. (1939–1959) wurden immer mehr Einwände gegen die Herz-Jesu-Verehrung laut. Man sagte, diese Art von Frömmigkeit fördere zu sehr individualistische Aspekte. Andere kritisierten die eher abstoßenden und kitschigen Darstellungen. Manche bestritten die Aktualität des Kultes im 20. Jahrhundert, der im 19. zu Recht bestanden hatte, als Reaktion auf den Rigorismus der Jansenisten und als Verchristlichung des Subjektivismus. Wieder andere glaubten, daß das Herz von der

Wer nicht liebt, hat Gott nicht erkannt (1 Joh 4,8).
Hl. Katharina von Siena mit dem Herzen. Detail aus einer Rosenkranzgruppe in der Pfarrkirche von Reinswald, 17. Jahrhundert.

Person Jesu zu sehr gelöst werde und so eine ganzheitliche Sicht verlorengehe. Diesen schon in den fünfziger Jahren laut werdenden Zweifeln trugen die Theologen Rechnung. Allen voran betonte Romano Guardini im Anschluß an Blaise Pascal, daß »das Herz das Organ der Liebe« sei. Das Herz Jesu ist so das Symbol der Liebe in bezug auf den Vater und auf uns Menschen. Zur Hundertjahrfeier des Herz-Jesu-Festes erschien 1956 die Enzyklika »Haurietis aquas«, die sich mit verschiedenen Mißverständnissen auseinandersetze und deutlich machte, daß die Herz-Jesu-Verehrung nicht auf Privatoffenbarungen fuße, sondern im Evangelium und in der Tradition der Kirche ein solides Fundament habe. Die Ursache für diesen Kult, der als wirksame Schule der Liebe bezeichnet wird, liege erstens darin, daß das Herz, der edelste Teil der menschlichen Natur, mit der Person Christi hypostatisch vereinigt sei. Damit sei dem Herzen Jesu dieselbe Verehrung zu leisten, die der

Person des fleischgewordenen Sohnes Gottes gezollt wird. Die zweite Ursache ergebe sich daraus, daß das Herz ein Symbol der unendlichen Liebe Jesu zu uns Menschen sei. Die Ausführungen des Papstes betonten schließlich, daß es sich bei der Herz-Jesu-Verehrung nicht um irgend eine Verehrung handle, sondern um einen Kult, der wie kein anderer zur christlichen Vollkommenheit zu führen vermöge. Wörtlich schrieb der Papst: »Jeder, der deshalb dieses hohe Geschenk Jesu Christi an die Kirche gering anschlägt, betreibt eine gefährliche und unheilvolle Sache und beleidigt Gott selbst.«

Das Schwinden der Herz-Jesu-Verehrung

Trotz dieser Förderung der Herz-Jesu-Verehrung durch die Amtskirche begann sie immer mehr aus dem Bewußtsein des Kirchenvolkes zu schwinden, ohne jedoch allzu große Konflikte auszulösen. Das dürfte wohl weniger theologische als geistesgeschichtliche Gründe gehabt haben. Unsere Zeit scheint immer mehr den Sinn für Symbole zu verlieren.[33] In den fünfziger Jahren ergriffen die biblische, die liturgische und die theologische Erneuerung immer breitere Massen, und somit wurden emotionellere und sentimentalere Formen der Spiritualität immer mehr zum Problem.[34] In den Texten des Zweiten Vatikanischen Konzils kommt der Begriff Herz Jesu überhaupt nicht mehr vor.[35] Man spricht geradezu vom Tunnel der sechziger Jahre. In diesem Zusammenhang spürten vor allem Mitglieder von kirchlichen Kongregationen und Institutionen, deren Charakteristikum die Herz-Jesu-Spiritualität war, ein großes Unbehagen und richteten diesbezüglich eine Anfrage an Papst Paul VI. (1963–1978). Er antwortete mit dem Schreiben »Interpretes solliciti« vom 27. Mai 1965, in welchem er versicherte, daß es einen perfekten Einklang gebe zwischen der konziliaren Erneuerung und dem Herz-Jesu-Kult und verwies auf die Enzyklika Haurietis aquas.[36] Der 1992 herausgekommene Weltkatechismus spricht immerhin zweimal kurz in den Nr. 1439 und 2669 vom Herzen Jesu. Im Zusammenhang mit den vielfältigen Formen der Buße im christlichen Leben wird das Gleichnis vom »verlorenen Sohn« erzählt und gesagt: »Einzig das Herz Christi, das die Tiefe der Liebe seines Vaters kennt, konnte uns den Abgrund seiner Barmherzigkeit auf eine so einfache und schöne Weise schildern. Im Zusammenhang mit dem Gebet wird gesagt: »Das Gebet der Kirche ehrt und verehrt das Herz Jesu, wie es seinen heiligsten Namen anruft. Die Kirche betet das menschgewordene Wort und sein Herz an, das sich aus Liebe zu den Menschen von unseren Sünden durchbohren ließ.«

Ich habe euch ein Beispiel gegeben, damit auch ihr so handelt, wie ich an euch gehandelt habe (Joh 13,15). Abendmahl mit Fußwaschung. Im Zentrum der Komposition Christus-Johannes-Gruppe. Fresko von Meister Leonhard von Brixen, 1464. Mellaun, Sankt Johann.

Die Herz-Jesu-Verehrung in der Geschichte Tirols

Der Beginn der Herz-Jesu-Verehrung im Laufe des Mittelalters

Im Laufe des Mittelalters hielt die Herz-Jesu-Verehrung Einzug auch in unser Land. Der vielleicht aus Südtirol stammende Walther von der Vogelweide († um 1230) hat uns ein Kreuzlied hinterlassen, in dem er von einem mit einer Lanze durchbohrten Herzen Christi spricht.[37] Eine in der Münchner Staatsbibliothek aufbewahrte Handschrift, die ein Werk des Pfarrers von Tirol und späteren Brixner Bischofs Ulrich Putsch (1427–1437)[38] enthält, weist einen Holzschnitt auf, der ebenfalls ein von einer Lanze durchbohrtes Herz-Jesu zeigt.[39] Auch dem nachmaligen Bischof von Brixen und Kardinal Nikolaus Cusanus (1450–1464) war der Herz-Jesu-Kult ein Anliegen.[40] Der beste Beweis aber für die Existenz dieses Kultes im ausgehenden

*Ich wurde im Haus meiner Freunde
verwundet (Sach 13,6).
Die heiligen fünf Wunden Jesu.
Holzschnitt aus Devotissime
meditationes de vita, beneficiis et passione
salvatoris Jesu Christi, Augsburg 1520.
Von Hans Burgkmair dem Älteren.*

Mittelalter in unserem Lande ist ein Fresko in der Kirche von Mellaun bei Brixen, das 1464 entstanden und der Brixner Schule zuzuschreiben ist.[41] Es stellt das von stilisierten Wolken umrahmte Weltgericht dar. Oben thront der ewige Richter. Unter ihm hält ein Engel das Kreuz. An dessen Querarmen und auch am Hauptbalken hängen Leidenswerkzeuge. Unter dem Querbalken sieht man ein von einer Lanze durchdrungenes und ans Kreuz geheftetes Herz.[42]

Die Herz-Jesu-Verehrung in der Zeit der katholischen Erneuerung im 16. und 17. Jahrhundert

Nach den Stürmen der Reformation war es im Zusammenhang mit der katholischen Erneuerung der zweite Apostel Deutschlands, der Hofprediger Ferdinands II. und heutige Patron der Diözese Innsbruck, Petrus Canisius (1521–1597), der, beeinflußt vom Dominikaner Johannes Tauler und dem Prediger Berthold von Regensburg, der Herz-Jesu-Verehrung in Tirol neuen Auftrieb gab.[43] Aber nicht nur der Jesuit Petrus Canisius, sondern auch der Kapuzinerbruder Thomas von Bergamo, der 1621 nach Innsbruck kam und sich besonders um die Erneuerung des Glaubens und die Hebung der Sitten bemühte[44], leistete einen Beitrag für diesen Kult. Im Herzen Jesu sah er nicht nur den Sitz der größten Liebe Gottes zu uns Menschen, sondern auch das Sühneopfer für alle Verletzungen, die diesem Herzen durch die Menschheit zugefügt würden.[45] Ein Gebet vom »Bruder von Tirol«, wie Thomas von Bergamo auch genannt wird, lautet: »O Herz meines Gottes, o Herz, in dem jene göttliche Seele wohnte, Glied, das mitten im Leib meines Erlösers ruhte, Herz, voll von Gott selbst, Herz, voll von aller Weisheit, Güte und Liebe und aller Vollkommenheit; göttliches Herz, in dem Gott selbst wohnte aus Liebe zu den Menschen ... Dieses Herz nahmen sich die Sünder zur Zielscheibe. O, wie oft, o Seele, wurde es auch von deinen Sünden verwundet ... Das Herz unseres süßen Herrn ist ein zweites Leben unseres Erlösers ... Du verdienst es von allen anderen Gliedern des Herrn, bemitleidet zu werden. Ich bete dich an, ich preise dich in Ewigkeit und nehme mir vor, dich Tag und Nacht zu beschauen und mir eine neue Passio zu bilden des Herzens Jesu ... Und welches war das Schwert, das das Herz unseres geliebten Herrn durchbohrte? Es war die grenzenlose Liebe zu seiner geliebten Mutter und zu dem ganzen Menschengeschlecht.«[46]

Für die Verbreitung der Herz-Jesu-Verehrung in Tirol sorgten nicht nur Männer, sondern auch Frauen. Allen voran muß in diesem Zusammenhang die aus Rovereto stammende Bernardina Johanna Floriani (1603–1673), mit ihrem Klosternamen Johanna von Kreuz, genannt werden. Ihre Wirksamkeit erstreckte sich laut Franz Hattler über ganz Tirol, ja sogar bis nach Ungarn, Siebenbürgen, Dänemark, Polen und Rußland. In Wort und Schrift animierte sie den Klerus, für Gott und Kirche einzutreten. Wiederholt erwähnte sie auch das Herz Jesu, wie im folgenden Gebet, das uns Beda Weber überliefert hat: »O Herz Jesu! Du blühst als geheimnisvoller Garten der Liebe, welcher mit seinem Dufte Himmel und Erde und tausend Welten erfüllt ... Du bist der Herr der Weinlese, und dein göttliches Herz ist die Presse, auf welcher du die Traubenfülle deines Leidens für meine arme Seele verarbeitest, damit sie trunken werde von deiner himmlischen Liebe und sich voll Sehnsucht emporstrecke zum heiligen Kreuze ... .«[47] Auch die Ursulinen haben sich für die Verbreitung der Herz-Jesu-Verehrung verdient gemacht, indem sie 1705 die erste Herz-Jesu-Bruderschaft in Innsbruck errichteten. Ihr folgte 1728 eine in Trient.[48] In Innsbruck war es vor allem der Brixner Fürstbischof Kaspar Ignaz von Künigl (1702–1747)[49], der sich um die Erlaubnis einer öffentlichen Festfeier am 30. Mai 1704 in der eben fertiggestellten Ursulinenkirche einsetzte. Damit war in Tirol die Keimzelle für die spätere landesweite Ausbreitung des Kultes gelegt.[50]

Starker Auftrieb der Herz-Jesu-Verehrung durch die Volksmissionen im 18. Jahrhundert

Den stärksten Auftrieb gaben der Herz-Jesu-Verehrung aber die Volksmissionen des 18. Jahrhunderts.[51] Im Jahre 1719 stifteten der Brixner Fürstbischof Kaspar Ignaz von Künigl, der Haller Salinendirektor Johann Fenner von Fennberg sowie die kaiserliche Regierung einen Fonds für die Durchführung von Volksmissionen in Tirol. Diese Missionen, die dem Jesuitenorden übertragen wurden, fanden bis zur Aufhebung des Ordens 1773 bzw. bis zu deren Verbot durch Joseph II. 1784 statt. Predigend und Sakramente spendend zogen vier Söhne des hl. Ignatius vom

Frühjahr bis zum Winter, Jahr für Jahr, von Ort zu Ort. Nachdem sie das Land im Laufe von 12 Jahren durchmissioniert hatten, begannen sie wieder von vorne und das 54 Jahre lang. In diesem Zusammenhang führten sie überall die Standesbündnisse ein. Ab 1765 begannen sie auch die Verehrung des Herzens Jesu zu verbreiten. So heißt es z. B. im Jahresbericht von 1769, als die Missionare den Vinschgau und das Paznauntal missionierten: »Am meisten zur Erweichung der Herzen hat die Andacht zum göttlichen Herzen Jesu beigetragen, die wir überall zu verbreiten uns Mühe gaben. Durch diese Andacht werden die größten Schwierigkeiten im Beichtstuhle gelöst und empfangen die Versuchten die Kraft, die Gefallenen Hilfe und alle den sichersten Schutz.«

Anläßlich der Missionen wurden in vielen Kirchen zur Verehrung auch Herz-Jesu-Bilder aufgestellt. Im Jahre 1767 ließ der damalige Rektor des Innsbrucker Kollegs, P. Egg, in Rom eine getreue Kopie jenes Bildes anfertigen, das Battoni für die Jesuitenkirche in der Ewigen Stadt gemalt hatte. Dieses Bild fand dann am Altar des hl. Ignatius in der Jesuitenkirche in Innsbruck seinen Platz.[52] Besonders erwähnenswert scheint auch ein Gebetbuch zu sein, das 1770 im Kloster Tegernsee gedruckt wurde und den Titel trägt: »Heilige Liebsbündniß zur Verehrung des allerheiligsten Herzen Jesu allen christlichen Seelen von einem Weltpriester des Brixner Bisthums anerbothen«. Dieses Büchlein, das nebst Gebeten auch Regeln und Satzungen für ein »Liebsbündniß« mit dem Herzen Jesu enthält, weist schon auf den Stamser Prälaten Stöckl hin.[53]

Der Kampf des Josephinismus gegen die Herz-Jesu-Verehrung

Die Ideen der Jansenisten, die den Herz-Jesu-Kult in Frankreich heftig bekämpften, gelangten im Laufe des 18. Jahrhunderts auch nach Österreich, wo sich der Josephinismus ihrer bemächtigte. Der Propst und Pfarrer Markus Antonius Wittola von Probstdorf in Niederösterreich übersetzte die Schriften des Bischofs von Pistoia Scipio Ricci ins Deutsche und machte es sich zur Lebensaufgabe, diese »Eingeweide-Andacht« auszurotten.[54] Kaiser Joseph II. (1780–1790) verbot die Herz-Jesu-Verehrung. Die Herz-Jesu-Bruderschaften wurden aufgelöst,[55] Herz-Jesu-Bücher aus dem Verkehr gezogen und Herz-Jesu-Bilder aus den Kirchen entfernt oder, wo das nicht möglich war, übertüncht. So verschwand eines Tages das Herz in der Hand des Heilands auf dem Bild in der Innsbrucker Jesuitenkirche, die nach der Aufhebung des Ordens der Universität übergeben worden war.[56]

Auch den Bischöfen trug Joseph II. auf, das Herz-Jesu-Fest aus den Kirchenkalendern zu streichen und gegen die Andachten vorzugehen. Manche Oberhirten, die selbst jansenistischen Ideen anhingen, kamen dem auch nach. Zu diesen Bischöfen zählte auch der Brixner Fürstbischof Josef von Spaur (1779–1791)[57] mit seinem »Hirtlichen Unterricht über die rechtmäßige Verehrung der Bilder und Statuen«.[58] Im Jahre 1782 befahl das Brixner Ordinariat den Volksmissionaren, daß sie »von dem Herz Jesu in ihren Predigten keine Meldung machen noch hierinfalls

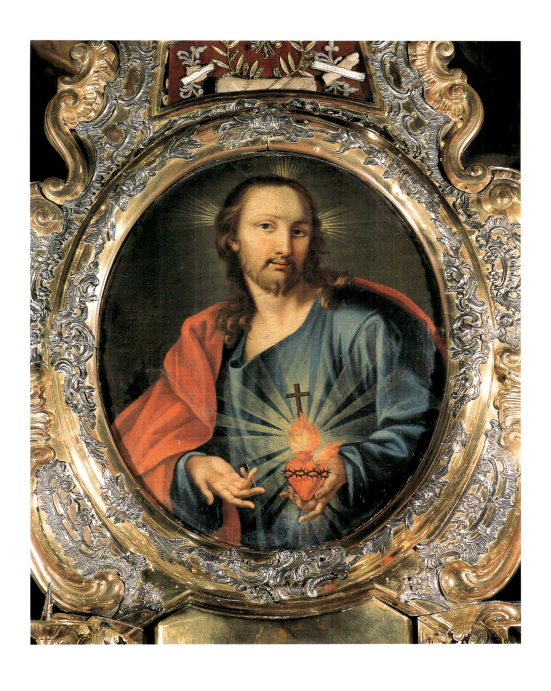

Ich habe dich geschaffen und dazu bestimmt, der Bund für mein Volk und das Licht für die Völker zu sein (Jes 42,6).
Kopie des Herzens Jesu nach Girolamo Batoni, 1767. Jesuitenkirche Innsbruck.

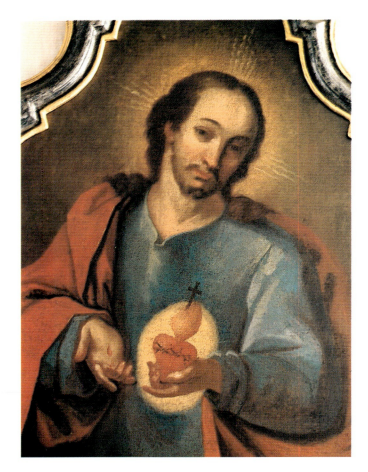

Verhärtet euer Herz nicht wie in Meriba (Ps 95,8). Herz Jesu im Typus von Girolamo Batoni. Von Josef Wengenmayr, Ende 18. Jahrhundert. Pfarrkirche Schenna.

eine Prozession oder dergleichen Andacht zum Herzen Jesu veranlassen sollen«.[59] Diese und andere Maßnahmen, die von der Wiener Regierung ausgingen, reizten das Volk so sehr, daß es beinahe zu einem Aufstand gekommen wäre. So schickte Joseph II. noch kurz vor seinem Tode einen Kurier nach Tirol mit dem kaiserlichen Erlaß vom 25. Jänner 1790, der besagte, daß dem Volk »jene althergebrachten Andachtsübungen, zu welchem dasselbe nach seiner angewohnten Denkungsart besonders Zutrauen hege, fortan allermildig gestattet werden sollten, insofern die Bischöfe sie mit dem reinen Begriffe der Religion vereinbarlich finden«.[60]

Das Jahr 1794 bedeutete für die Herz-Jesu-Verehrung in Tirol eine Wende.[61] In diesem Jahre richtete der neue Fürstbischof Karl Franz von Lodron (1791–1828)[62] an den Heiligen Stuhl ein Bittgesuch um die Bestätigung und die Erneuerung jener Ablässe, die früher die Volksmissionare erwirkt hatten. Zugleich bat er auch um die Erlaubnis, das Herz-Jesu-Fest alljährlich am Freitag nach der Fronleichnamsoktav

Israels Licht wird zum Feuer, sein Heiliger wird zur Flamme. Sie brennt und verzehrt die Dornen und Disteln (Jes 10,17). Herz Jesu in Anlehnung an Carl Henrici. Anfang 19. Jahrhundert.

mit einer Messe feiern zu dürfen.[63] Nachdem Papst Pius VI. (1775–1799) im Jahre 1795 dies gestattet hatte, war der Herz-Jesu-Kult in der Diözese Brixen auch offiziell eingeführt.[64] In der Pfarrkirche von Bozen wurde 1794 eine Stiftung gemacht, damit alljährlich am ersten Freitag nach der Fronleichnamsoktav das Herz-Jesu-Fest feierlich begangen werde.[65]

Das Herz-Jesu-Gelübde im Jahre 1796

Nachdem der Herz-Jesu-Kult 1795 offiziell eingeführt und erstmals begangen worden war, erreichte Tirol die Schreckensnachricht, daß französische Truppen sich dem Lande näherten. Napoleon Bonaparte hatte am 10. Mai 1796 die Österreicher bei Lodi besiegt und anschließend große Teile der Lombardei okkupiert. Nun wollte er auch in Kärnten und Tirol eindringen und diese Länder besetzen. Tirol, das seit dem Bayerneinfall im Jahre 1703 eine lange Friedensperiode erlebt hatte, war für eine Verteidigung überhaupt nicht vorbereitet. Um über die verzweifelte Lage zu beraten, wurde für den 30. Mai 1796 der engere Ausschuß der Tiroler Landstände in den Ansitz des Landeshauptmanns (jetziges Palais Toggenburg) nach Bozen einberufen. Diese Versammlung bestand aus 24 Vertretern des Adels, des Klerus, der Städte, der Gerichte und aus drei landschaftlichen Beamten.[66] Laut Sitzungsprotokoll waren je ein Vertreter der geistlichen Fürstentümer Brixen und Trient, der beiden Domkapitel, der Prälaten von Gries, San Michele und Stams, weiter sieben Mitglieder des Adels, die Gesandten der Städte Bozen, Meran, Sterzing, Arco und Rovereto, schließlich Vertreter der Gerichte im Viertel Eisack, Etsch, Oberinntal, Vinschgau, Burggrafenamt und Pustertal anwesend. Die Landesteile waren, wie man sieht, nicht gleichmäßig vertreten. Durch ihre Abwesenheit glänzten vor allem die Nordtiroler Städte und der Welschtiroler Adel.[67]

Als die Versammlung sah, daß Tirol für einen Widerstand gegen Napoleon nicht gerüstet war, wies der Abt von Stams, Sebastian Stöckl[68], auf das Beispiel der Vorfahren im Jahre 1703 hin. Damals hatte man mit Erfolg Schutz und Hilfe bei Gott gesucht. Dann machte er den Vorschlag, das Gelübde (es handelt sich also um ein Gelübde und nicht um eine Weihe) abzulegen, fortan im ganzen Land das Fest des heiligsten Herzens Jesu mit feierlichem Gottesdienst zu begehen und das Gelöbnis schon am kommenden 3. Juni 1796 (am Freitag nach der Fronleichnamsoktav) in der Pfarrkirche zu Bozen zu erfüllen. Dieser Vorschlag wurde von allen Vertretern des Landes (auch der Welschtiroler) einstimmig angenommen.[69] Es muß unterstrichen werden, daß das Gelübde ohne Bedingung gemacht wurde, d. h., das Hochamt würde auch dann gehalten, wenn der Feind ins Land einfallen würde. Daß das historische Herz-Jesu-Bild bei dieser Gelegenheit eine besondere Rolle gespielt hätte, ist urkundlich nicht zu belegen.[70] Erst bei den Bundeserneuerungen von 1848, 1859, 1866, 1870 und 1876 wird erwähnt, daß diese vor diesem historischen Bild erfolgten. Aller Wahrscheinlichkeit nach dürfte die Darstellung dem Maler Josef Karl Henrici (1737–1823) zuzuschreiben sein. Sicher ist aber, daß in der Bozner Pfarrkirche 1770 ein Herz-Jesu-Bild existierte.[71]

Der Text des Entschlusses lautet nach dem Protokoll: »Endlich um den Seegen des Himmels für die angeordneten, oder noch unternehmenden Vertheidigungs Anstalten, und die Hilfe desselben, welche die geliebtesten Vorältern bey ähnlichen verzweifelten Umständen, zum Schutze und zur Rettung des Vaterlandes so wiederholt, als auffallend erfahren haben, sich zu wege zu bringen, wurde von gesamten hohen Kongresse durch eine feyerliche Verlobniß der Schluß gefaßt, daß hinführo, weil Stifter und Stände der ungezweifelten Hoffnung des in Ansehung dieses Verlobnißes gewiß erfolgenden Schutzes, und Rettung des werthesten Vaterlandes sind, das Fest des heiligsten Herzens Jesu im ganzen Lande mit einem feyerlichen Hochamte gefeyert, und zu diesem Ende das erstemal am dritten dieses (Monats) in der hiesigen Pfarrkirche ein feyerliches Hochamt in Gegenwart Stifter und Stände, und mit Vorausschikung einer kurzen belehrenden Anrede an das Volk über die

Wenn ein Mann dem Herrn ein Gelübde ablegt ... (Num 30,3). Porträt des Prälaten Sebastian Stöckl. Ende 18. Jahrhundert. Pfarrwidum Untermais.

Veranlassung, und Einsetzung dieses Festes begangen werden solle: mit der beygesezten feyerlichen Protestatzion, daß wenn in Zukunft wieder alles Verhoffen hierinn eine Hinderniß, oder Mangel erscheinen sollte, sie hiemit aller Verantwortung vor Gott und der Welt enthoben, und die Schuld allein auf jene, die an der Nicht-Vollstreckung dieses Gelübdes Ursache sind[72], gelegt haben wollen. Welches dann zur Wissenschaft der Nachkommenschaft, und zur Kundmachung im ganzen Lande allda ad prothocollum genommen, und mit der Unterschrift des gegenwärtigen Protokollführers bezeuget wird. Strobl, Landschaftlicher und Matrikel Archivar und Registrator, als zum gegenwärtigen Kongresse verordneter Protokollführer m.p. Actum Botzen, den 1. Juny 1796 in der gräflichen Wolkensteinischen Behausung.«[73] Die Tatsache, daß ein ganzes Volk durch seine Vertreter offiziell ein solches Gelöbnis ablegt, war im 18. Jahrhundert eine absolute Einmaligkeit.[74]

Am 3. Juni 1796 wurde in der Bozner Pfarrkirche in Gegenwart des ganzen Ausschusses erstmals das Herz-Jesu-Fest feierlich begangen. Dabei hielt Prälat

Das Gedenken an dich, Herr, dauert von Geschlecht zu Geschlecht (Ps 135,13).
Prozession mit den Symbolen der Herzen Jesu und Mariä in Telfs 1772.
Holztafel im Tiroler Volkskunstmuseum, Innsbruck.

Stöckl das Pontifikalamt. Da es sich bei der Erfüllung dieses Gelübdes auch um die Einführung eines neuen Feiertages handelte, mußte um die kaiserliche Erlaubnis angesucht werden. Kaiser Franz II. schlug vor, das Fest auf den Sonntag zu verlegen. Nachdem sich der Landtag und die Landesbischöfe darüber geeinigt hatten, beschlossen sie, das Fest am zweiten Sonntag nach Fronleichnam zu begehen. Am 23. November 1796 erklärte sich auch Papst Pius VI. (1775–1799) damit einverstanden und gab dazu seinen Segen.[75] In Innsbruck hielt man am 24. September 1796 eine Novene und tags darauf unter Beteiligung auch der Landstände ein Hochamt mit einer feurigen Predigt des Servitenpaters Benitius Mayr, die dann auch in Druck erschien.[76] Als Bild diente das etwa ein Jahrzehnt vorher übermalte Gemälde, das inzwischen restauriert und wieder in den ursprünglichen Zustand zurückgeführt worden war.[77]

Das Herz Jesu und die Schlacht von Spinges im Jahre 1797

Nach der unglücklichen Schlacht von Rivoli im Jänner 1797 sahen sich die Österreicher gezwungen, sich nach Kärnten zurückzuziehen. Dies ermöglichte es den Franzosen, ungestört nach Norden zu marschieren. Am 30. Jänner besetzten sie Trient, am 22. März Salurn, am 23. März Bozen und am 24. März Brixen. Fürstbischof Karl Franz von Lodron war vor dem mit 20.000 Mann heranrückenden General Joubert ins Kloster Ettal geflüchtet und kehrte erst am 24. Mai in seine Residenzstadt zurück, nachdem die Franzosen Brixen verlassen hatten.

Inzwischen kam es am 2. April zum berühmten Gefecht bei Spinges, bei dem sich Katharina Lanz (Lonz) (1771–1854)[78] besonders hervortat. Kommandant Philipp von Wörndle berichtet: »Das erste Gemetzel entstand bei dem Dorfe Spinges, wohin sich eine vom Gefecht ermattete Schar von Bauern zurückgezogen und im Friedhof Posto gefaßt hatte. Mein Ordonanz-Corporal Türk sprengte die Thür zum Kirchturm und zog die Sturmglocke. Umsonst suchten die Feinde den Friedhof zu stürmen. Sie konnten der darin postierten Masse nichts anhaben; die Mauer diente ihr zur Brustwehr und den Scharfschützen zum sicheren Schießstande, jeder Sturm der Feinde ward abgewiesen. Man sah hier unter anderen auch eine Bauernmagd aus

Alles, was ihr in Worten und Werken tut, geschehe im Namen Jesu, des Herrn (Kol 3,17).
Fluchstein mit dem Namen Jesu, datiert 1787, bei Sankt Peter in Tanas.

Spinges, die mit zusammengegürtetem Unterkleide und fliegendem Haare auf der Friedhofsmauer stehend die anstürmenden Feinde mit ihrer kräftig geführten Heugabel hinunterstieß.«[79] Nach dieser Schlappe verließ General Joubert fluchtartig das Land, das am 13. April seine Freiheit wiedererlangte. Aufgrund der von Gott erfahrenen Hilfe wurde im Juni 1797 in vielen Gemeinden das Herz-Jesu-Fest mit großer Begeisterung gefeiert.[80] Das Ereignis von Spinges trug sicherlich bei, den Glauben der Tiroler an ein Exklusivverhältnis mit dem Herzen Jesu zu verstärken und vielleicht auch gefährliche Illusionen zu wecken.[81]

Andreas Hofer und das Herz Jesu im Jahre 1809

Als mit dem Frieden von Preßburg 1805 ganz Tirol an das neugeschaffene Königreich Bayern fiel, kam es mit den neuen Landesherren bald zu scharfen Auseinandersetzungen, da die bayerische Regierung unter Graf Maximilian von Montgelas die staatliche Kirchenhoheit beanspruchte und die Integration der neuerworbenen Landesteile in den modernen bayerischen Einheitsstaat mit rücksichtsloser Schroffheit betrieb. Die Bevölkerung in Tirol war vor allem über die Eingriffe in den Gottesdienst und in das religiöse Brauchtum empört. So wurden das Rosenkranzgebet, die Rorateämter, die Weihnachtsmette, die Aufstellung der Heiligen Gräber, der Wettersegen und das Wetterläuten, die Novenen, die Kreuzgänge, das Läuten der Glocken für Verstorbene und an Feierabenden und die Einhaltung der Bauernfeiertage verboten.[82] In diesem Zusammenhang wurde auch die Feier des Herz-Jesu-Festes untersagt. Diese und andere Neuerungen trugen bei, daß sich die Tiroler im Jahre 1809 gegen die Bayern erhoben.

Am 24. Mai vor der Bergiselschlacht nahm Andreas Hofer, der schon in seiner Jugendzeit die Andacht zum Herzen Jesu schätzen- und liebengelernt hatte, im Wirtshaus Kerschbaumer am Brenner Quartier. Nachdem er seine Mannschaft versammelt hatte, ließ er durch den Geistlichen Josef Alber eine feurige Ansprache halten und die Generalabsolution erteilen. Anschließend erhob er seine Augen und Arme zum Himmel und versprach, das Herz-Jesu-Fest wieder alljährlich festlich zu begehen, sobald das Land frei sein würde. Damit wurde das Gelübde von 1796 erstmals erneuert. Am 25. Mai rückte Hofer gegen den Berg Isel vor, wo am 29. Mai die Bayern vernichtend geschlagen wurden, so daß sie sich aus Tirol zurückziehen mußten. Bereits am 6. Juni erteilte Hofer in Innsbruck folgenden Befehl: »Kraft des vor der letzten Befreiung des Vaterlandes von den Häuptern der Landesverteidigung eingegangenen Gelübdes soll das Herz-Jesu-Fest zu einem beständigen Feiertag erhoben und im Kalender rot eingedruckt werden.« Drei Tage später, und zwar am 9. Juni, am Freitag nach der Fronleichnamsoktav, wurde in der Dreifaltigkeitskirche in Innsbruck in Gegenwart Hofers das Herz-Jesu-Fest sehr feierlich begangen.[83]

Nach dem tragischen Zusammenbruch des Tiroler Aufstandes und der Dreiteilung des Landes war es kaum möglich, das Herz-Jesu-Fest zu feiern. Als Tirol aber

*Gesegnet der Mann, der auf den Herrn sich verläßt und dessen Hoffnung der Herr ist (Jer 17,7).
Die hl. Gertrud die Große erlebt die Vision des Herzens Jesu. Deckengemälde von Heinrich Kluibenschädl in der Pfarrkirche zur hl. Gertraud in Mühlwald, 1893.*

1814 wieder zu Österreich kam, änderte sich die Situation, und der Landtag erneuerte am 18. Juni 1816 das Gelübde von 1796. Im Protokoll heißt es: »Über mündlichen Vortrag des Herrn Referenten (Josef Freiherrn von Reinhart) bestimmten die versammelten Herren Stände mit einer Stimme, daß das in vergangenen Jahren zur dankbaren Erinnerung für Abwendung der Feindesgefahren verlobte Herz-Jesu-Fest auf gewöhnliche Weise wiederum soll gefeiert werden.«[84] Wenn von nun an Glaube und Heimat gefährdet schienen oder wenn ein Jubiläum des Gelübdes anstand, sprach man jetzt von Bund und Bundeserneuerung. Zu solchen Bundeserneuerungen kam es 1848, 1859, 1861, 1866, 1870, 1876, 1896, 1909, 1914, 1946.[85] Daß manche dieser Feiern auch im Sinne einer politischen Mobilisierung gegen einen äußeren Feind stattfanden, ist nicht zu leugnen.[86] Anderseits betete man aber auch für besondere Anliegen der Kirche und des Papstes (Stichwort Gebetsapostolat). Das publizistische Medium dafür war die Zeitschrift der »Sendbote des göttlichen Herzens Jesu«, die seit 1865 vom Jesuitenkolleg in Innsbruck herausgegeben wurde und bis 1989 erschien.[87] Durch diese Zeitschrift wurde die Herz-Jesu-Verehrung in alle deutschsprachigen Länder getragen. Die im Jahre 1858 wiedererrichtete Theologische Fakultät der Universität Innsbruck und das im selben Jahr entstandene theologische Konvikt haben ganze Priestergenerationen in der Herz-Jesu-Verehrung erzogen.[88]

Das 80. Jubiläum des Herz-Jesu-Bundes im Jahre 1876 zur Zeit des Tiroler Kulturkampfes

Nachdem am 19. Dezember 1875 der Kultusminister Karl von Stremayr dem Drängen der Protestanten von Meran und Innsbruck um Zulassung evangelischer Gemeinden nachgekommen war, erreichte der Tiroler Kulturkampf einen Höhepunkt.[89] Für Fürstbischof Vinzenz Gasser, der in der Glaubenseinheit Tirols eines der höchsten Güter sah, bedeutete dies den bittersten Schlag seines Episkopates.[90] Daher sollten das 80. Jubiläum des Herz-Jesu-Bundes am 23. Juni 1876 besonders feierlich begangen und die Glaubenseinheit entsprechend demonstriert werden. In einem Aufruf des Festkomitees hieß es: »Jeder echte Tiroler wird ... freudig dem Rufe der Bischöfe folgen und am 23. Juni in der ehrwürdigen Liebfrauenkirche zu Bozen sich einfinden, um den Bund der Väter vor jenem Bilde zu erneuern, vor dem sie ihn vor 80 Jahren geschlossen und den göttlichen Bundesherrn besonders gerade jetzt bestürmen, daß wir ›ein einiges christkatholisches Vaterland als heiliges Erbe den spätern Nachkommen erhalten mögen.‹«[91]

Die Regierung ließ allerdings die Vorbereitungen und die Feier selbst überwachen, um eine politische Instrumentalisierung der Bundeserneuerung zu verhindern. Der Bürgermeister von Bozen, Josef Schueler, sah sich gezwungen, den Schützen zu verbieten, mit Waffen in der Stadt zu erscheinen. Am 22. und 23. Juni kontrollierte die Gendarmerie den Bahnhof und die Straßen, die in die Stadt führten. Schützen, die mit einem Schießeisen angetroffen wurden, mußten dieses abliefern. Nichtsdestoweniger gestaltete sich die Bundeserneuerung zu einem würdigen Fest. Bereits am Vorabend fand eine großartige Bergbeleuchtung statt. Am nächsten Tag erschienen an die 10.000 Menschen, die an der Feier teilnahmen. Der Trienter Koadjutor Johann Haller zelebrierte das feierliche Pontifikalamt, und Fürstbischof Gasser hielt die Predigt.[92] Dabei sagte er: »Ich spreche hier als Bischof ... und will ... die kirchliche Wahrheit verkünden. Der kostbarste Edelstein im Ehrenkranze Tirols ist die Einheit des Glaubens ... Erst wenn wir ihn aufgeben, dann ist er verschwunden, dann ist aber auch Tirol dahin, dann hat Tirol sich aufgegeben; für diese meine tiefinnerste Überzeugung lasse ich Leib und Leben.«[93] Am folgenden Sonntag fand die Bundeserneuerung auch in den übrigen Pfarreien und Kuratien statt.[94]

Die grandiose Bundeserneuerung im Jahre 1896

Besonders feierlich wurde die Bundeserneuerung am 1. Juni 1896 in Bozen begangen. Damals sollen an der Feier 30.000 Menschen teilgenommen haben.[95] Die Festpredigt hielt Johann Haller, der inzwischen Kardinalerzbischof von Salzburg geworden war. Mittelpunkt der Feierlichkeiten war das historische Herz-Jesu-Bild in der Bozner Pfarrkirche. Den Abschluß der Feierlichkeiten bildeten zahlreiche Bergfeuer.[96] Ein Zeichen für die Bereitschaft eines Volkes, einen neuen Brauch anzunehmen, ist es, wenn alte Traditionen an anderen Tagen auf das neue Fest übertra-

Ich gieße meinen Geist über deine Nachkommen aus und meinen Segen über deine Kinder (Jes 44,3). Die katholische Familie versammelt sich zum Rosenkranzgebet vor dem Herz-Jesu-Bild. Aus: Herz-Jesu und Herz-Mariä-Kalender für das liebe Volk, Innsbruck 1888. Herausgegeben von P. Gottfried Hacker.

gen werden. Dies trifft besonders bei den Bergfeuern zu, die einst heidnischen Göttern zur Sonnwend gewidmet waren, dann auf das Fest Johannes des Täufers übergingen und nun am Herz-Jesu-Sonntag entzündet wurden und die Treue gegenüber dem göttlichen Herzen symbolisieren.[97]

Ähnlich feierlich wurde auch die Gedächtnisfeier am 21. Juni 1896 in Innsbruck gestaltet. Für dieses Jubeljahr dichtete Josef Seeber das berühmte Herz-Jesu-Lied »Auf zum Schwur, Tiroler Land«, das der Dirigent des Brixner Domchores Ignaz Mitterer komponierte. Dieses Lied löste große Begeisterung aus, gab der Herz-Jesu-Verehrung neuen Auftrieb und avancierte zur zweiten Tiroler Landeshymne, weshalb es während der Faschistenzeit auch verboten wurde. Für die Feierlichkeiten von 1896 komponierte Mitterer auch eine Herz-Jesu-Festmesse und der Innsbrucker Musikdirektor M. Spörr einen Bundesfestmarsch.

Zu diesem Anlaß erschien auch eine Reihe von Festschriften. Der schon genannte Josef Seeber gab den »Festgruß zur Säkularfeier des Bundes Tirols mit dem göttlichen Herzen Jesu« heraus. Der Jesuit P. Franz Hattler[98] veröffentlichte eine historische »Festschrift zur hundertjährigen Jubelfeier des Bundes Tirols mit dem göttlichen Herzen Jesu«.[99] Ein umfangreiches Erinnerungsbuch an das Jubeljahr 1896 veröffentlichte Sigismund Waitz im Jahre 1897.[100] Dieses Werk enthält Berichte über

viele Gedenkfeiern und Veranstaltungen im ganzen Lande. In Erinnerung an dieses
Jubeljahr wurden nicht nur Festschriften herausgegeben, sondern auch Kirchen gebaut. Im Mai 1896 begann man mit dem Bau der Herz-Jesu-Kirche in Innsbruck, die
zwei Jahre später eingeweiht wurde. Im Jahre 1897 wurde der Grundstein für die
Herz-Jesu-Kirche in Bozen gelegt, die 1899 fertiggestellt wurde. Im gleichen Jahre
wurde auch die Herz-Jesu-Kapelle beim Sandwirt in Passeier in Gegenwart von
Kaiser Franz Josef I. und der Landesbischöfe eingeweiht.[101] Seitdem ist der Herz-Jesu-Sonntag zu einem Nationalfeiertag des Tiroler Volkes geworden, der in vielen
Gemeinden auch mit einer feierlichen Prozession wie am Fronleichnamstag begangen wird.[102]

Die bescheidene Bundeserneuerung im Luftschutzkeller des Marieninternates in Bozen im Jahre 1944

Mit der Jubelfeier 1896 hat die Herz-Jesu-Verehrung in Tirol ihren Höhepunkt erreicht. Anschließend ließ der allgemeine Enthusiasmus für den Kult etwas nach. Als
man 1909 die Hundertjahrfeier des Heldenjahres von 1809 in Innsbruck in feierlicher Weise beging und diese Gelegenheit auch nützte, um das Gelübde von 1796 zu
erneuern, machte der Innsbrucker Gemeinderat nicht mehr mit. Hinzu kam, daß
auch das katholische Lager durch den heftigen Streit zwischen der konservativen
und christlichsozialen Partei zutiefst gespalten war.[103]

Als im August 1914 der Erste Weltkrieg ausbrach, erneuerte die Tiroler
Landesregierung am 18. September 1914 in der Landhauskapelle in Innsbruck in
Anwesenheit der drei Landesbischöfe das Gelübde von 1796. Der damalige
Landeshauptmann Theodor von Kathrein[104] verlas die Gelöbnisformel und versprach im Namen des Landes, »das Herz-Jesu-Fest wie bisher jedes Jahr feierlich zu
begehen; dem katholischen Glauben stets treu zu bleiben und der auf dem Felsen
Petri gegründeten Kirche unverbrüchlich anzugehören; das göttliche Herz Jesu in
allen Nöten und Anliegen als unseren Hort anzurufen; endlich dahinzuwirken, daß
die Gebote des göttlichen Bundesherrn stets gewissenhaft beobachtet werden«.[105]

Als unter dem Nationalsozialismus in den Jahren von 1943 bis 1945 der Glaube
besonders gefährdet war, erneuerte am 6. Februar 1944 eine kleine Schar von
Getreuen im Luftschutzkeller des Marieninternates in Bozen das alte Gelübde vor
dem historischen Herz-Jesu-Bild, das wegen Bombengefahr dorthin gebracht worden war. Der Bozner Propst Josef Kalser hielt den Gottesdienst und die Ansprache.
Am Ende der Feier wurde der Bund erneuert und eine Urkunde verlesen, die besagte: »Im fünften Kriegsjahre des zweiten Weltkrieges, als die äußere und innere
Not auch in unserer Heimat Südtirol immer fühlbarer wurde, haben wir nach vierjähriger Planung und reiflicher Überlegung, im Namen mehrerer hundert
Gleichgesinnter, die sich zugleich als Stellvertreter des größten Teiles des Südtiroler
Volkes fühlen, vor dem Allerheiligsten und vor dem historischen Herz-Jesu-Bild,
vor welchem die Väter am 1. Juni 1796 ihren ewigen Bund mit dem allerheiligsten
Herzen Jesu als obersten Bundes- und Landesherrn schlossen, in einem Luftschutz-

Nicht darin besteht die Liebe, daß wir Gott geliebt haben, sondern daß er uns geliebt und seinen Sohn als Sühne für unsere Sünden gesandt hat (1 Joh 4,10).
Um das Herz Jesu sind die Leidenswerkzeuge geschart. Steinrelief am Friedhofseingang von Jenesien, 19. Jahrhundert.

keller des bombenbeschädigten Marien-Internates zu Bozen den heiligen Bund der Väter erneuert und zugleich vor dem hochwürdigsten Herrn Propst Mons. Kalser, Dekan und Stadtpfarrer zu Bozen, nach einer eucharistischen Feier und Ansprache das feierliche Gelübde abgelegt, der Heimat nach christlichen Grundsätzen zu dienen und damit eine religiöse Erneuerung des Volkes im Geiste des Bundes und Andreas Hofers zu erwecken; ferner als äußeres Zeichen des Dankes für den Schutz, den das allerheiligste Herz Jesu als oberster Bundes- und Landesherr uns bisher geschenkt hat und den wir für einen der Heimat glücklichen Ausgang des Krieges erflehen, die Wiederherstellung der Bozner Pfarrkirche als ein Bundesdenkmal und insbesondere die würdige Ausschmückung des Altares, auf dem das historische Herz-Jesu-Bild zur Aufstellung gelangt, zu betreiben; und endlich als lebendes Denkmal für die Errichtung vielleicht eines Waisenhauses oder anderen Heimes für die verlassenen Kinder unserer Heimat Sorge zu tragen. Bozen, am Herz-Jesu-Sonntag des Monats Februar, 6. Februar 1944.«

Hans Egarter, der Gründer des Andreas-Hofer-Bundes und Kopf des antinazistischen Widerstandes in Südtirol, verfaßte für diese Feier auch ein Gebet, dessen dritte Strophe lautet: »O Herr! Gedenk in dieser schweren Stunde/Nicht der Vergehen, nicht der Sündenschuld;/Schließ ein das Volk in Deine Herzenswunde,/Laß Gnade walten, schenk ihm Deine Huld! Schenk ihm den Frieden und des Landes Einheit,/Vernicht den Haß, der heut ihm innewohnt,/Sorg Du, o Herr, daß im Triumph der Reinheit/ Nur Deines Herzens ew'ge Liebe thront!«[106]

Der Einsatz für die Selbstbestimmung 1946

Als in den für das zukünftige Schicksal Südtirols entscheidenden Sommerwochen des Jahres 1946 die SVP mit einem Memorandum an die Alliierten appellierte, dem Lande die Selbstbestimmung zu geben, legte auch der Brixner Bischof Johannes Geisler[107] ein im Namen der Südtiroler Geistlichkeit erstelltes Dokument bei, das die eindringliche Bitte enthielt, den Beschluß der Außenministerkonferenz vom 30. April 1946, der eine Rückgliederung Südtirols an Österreich endgültig abgelehnt hatte, zu revidieren und dem geprüften Lande Gerechtigkeit zukommen zu lassen. Wie sehr sich der Brixner Oberhirte für die causa Südtirol engagierte, zeigt die Tatsache, daß er einen Gebetsaufruf an den ganzen Klerus seines Sprengels erließ, in dem es hieß: »Die nächsten Wochen und Monate sind für die Zukunft des Landes und des Volkes entscheidend. Von beiden kompetenten Seiten werden die größten Anstrengungen gemacht werden, um die endgültige Entscheidung in ihrem Sinne zu beeinflussen. Wir wollen unsere Hoffnung vor allem auf die Hilfe und den Schutz unseres göttlichen Bundesherrn setzen, in dessen Herz heuer vor 150 Jahren unsere Väter das Schicksal und die Not des Landes vertrauensvoll gelegt haben.« Geisler rief auch alle Geistlichen auf: »...sich der Bedeutung des gegenwärtigen Augenblickes bewußt zu sein und mit allem Eifer dahinzuwirken, daß in diesen Tagen, Wochen und Monaten bis zur endgültigen Entscheidung unseres Schicksals

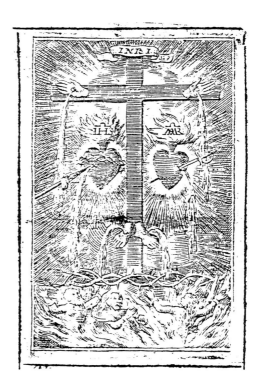

Denn ich lasse dich genesen und heile dich von deinen Wunden – Spruch des Herrn (Jer 30,17). Die fünf Wunden Christi mit den symbolischen Herzen Jesu und Mariä als Zuflucht der Armen Seelen. Kupferstich, Mitte 18. Jahrhundert. Sammlung Tschol, Ferdinandeum Innsbruck.

ein wahrer Gebetssturm zum Himmel dringe und uns die Hilfe unseres göttlichen Bundesherrn erwirke.«[108]

Die Richtlinien der Konferenz von Stilfes

Wohl Mitte Februar 1946 wurde an die Dekanalämter der Diözese Brixen ein Rundschreiben verschickt. In dem Papier heißt es, daß nach Rücksprache mit dem Ordinariat in Stilfes eine Konferenz stattfand, die entsprechende Richtlinien für den Klerus erarbeitet hatte. Nach diesen Richtlinien sollte in jeder Seelsorge ein verläßliches Komitee errichtet werden, dessen Mitglieder dahin geschult werden sollten, Demonstrationen für den Anschluß Südtirols an Österreich durchzuführen. Ganz besonders sollte das Augenmerk auf die Herz-Jesu-Verehrung gerichtet werden. Man müßte zunächst das Volk missionieren, religiöse Wochen zur Hebung des religiösen Lebens und der Sittlichkeit organisieren. Man sollte die Menschen auffordern, fleißig die Gottesdienste zu besuchen, ungewöhnlichen Eifer im Sakramentenempfang an den Tag zu legen, den abendlichen Familienrosenkranz mit der Herz-Jesu-Litanei zu beten und die Herz-Jesu-Freitage zu halten.

Im besonderen wurde beschlossen: »a) An allen Sonntagen, an denen nicht pro populo zu applizieren ist, das Hochamt zu Ehren des hlst. Herzens Jesu in den

Anliegen des Landes und Volkes zu feiern ... b) Burschen und Männer sollen dafür gewonnen werden, sich durch ihre eigene Unterschrift zur Feier der Herz Jesu Freitage, beziehungsw. der 1. Sonntage im Monate, durch Empfang der hl. Sakramente vorläufig für die Dauer von einem Jahre zu verpflichten. Allen Ernstes soll darauf gesehen werden, daß in diesen entscheidenden Zeiten nicht getanzt wird, ungeziemende Unterhaltungen jeglicher Art unterbleiben ... Schwere Sünde meiden. Allgemeiner Gnadenstand. d) Abstellung von gewissen Mißbräuchen: Schlampiges Beten bei Tisch, Abendrosenkranz!!! Gottergebenes Beten. Es ist schwere Beleidigung der göttl. Majestät zu sagen: Wenn es nicht so ausgeht, wie wir bitten, gehen wir nicht mehr in die Kirche.«[109]

Die Bedenken der Südtiroler Volkspartei und das Verbot aus Trient

Der SVP, der ein solches Rundschreiben in die Hände geriet, waren obige Richtlinien offenbar nicht ganz geheuer, deshalb richteten am 23. Februar 1946 der Obmann Erich Amonn und der Generalsekretär Dr. Josef Raffeiner an das fürstbischöfliche Ordinariat in Brixen einen Brief und legten dem Schreiben eine Abschrift des Rundschreibens der Stilfser Konferenz bei. In dem Schreiben beklagen sich die Herren, daß solche Richtlinien ohne Fühlungnahme mit der SVP erarbeitet worden seien. Zum Inhalt des Schreibens wird bemerkt, daß die Durchführung dieser Richtlinien bedeuten würde, daß sich neben der SVP eine über das ganze Land sich erstreckende, unter der Führung des Klerus stehende, politische Organisation bilden würde. Weiter wird betont: Die Alliierten würden »sich durch theatralische Schaustellungen in keiner Weise beeinflussen lassen, wohl aber müßten die in Vorschlag gebrachten Demonstrationen, die den seinerzeitigen nazistischen verzweifelt ähnlich sehen ... den Alliierten geradezu vor Augen führen, daß der nazistische Geist noch immer lebendig ist«.[110] Bereits am 24. Februar antwortete Pompanin Raffeiner und gab zu verstehen, daß die geäußerten Befürchtungen nicht gerechtfertigt seien, bat aber zur Klärung der Probleme um ein persönliches Gespräch.[111]

Nun suchten auch Dekane des deutschen Anteils der Diözese Trient in der Trienter Kurie an, außergewöhnliche Prozessionen halten zu dürfen, um eine günstige Lösung von Gott in der Sache Südtirols zu erbitten. Diesen Dekanen schrieb aber Provikar Kögl am 24. April 1946 einen geharnischten Brief, in dem er betonte, daß aus triftigen Gründen religiöser Natur diese Erlaubnis nicht erteilt werden könne. Die Gründe sind hauptsächlich folgende: »1) Wir stehen in der Zeit der Rogationes maiores und minores. Wem ernst ist mit dem Beten, der hat durch die Teilnahme an diesen Prozessionen reichlich Gelegenheit dazu ... Nach Fronleichnam beginnen dann wieder die sonntäglichen außerliturgischen Evangelienprozessionen, also wiederum Gelegenheit zum Beten in Prozessionen ... 2) Ist das Volk für das richtige Beten bei solchen Prozessionen nicht recht vorbereitet. Das Kreuz Christi ist noch immer nicht gerade gebogen und wurden die verbogenen Ecken in letzter Zeit sogar noch versteift ... 3) Steht nicht mehr und nicht weniger als das 2. Gebot Gottes

Auch mächtige Wasser können die Liebe nicht löschen (Hld 8,7). Vorsatzbild mit der symbolischen Darstellung der Herzen Jesu und Mariä. Um 1760/70. Aus Sankt Magdalena in Niederdorf.

auf dem Spiele. Wir wissen ganz bestimmt, daß diejenigen, welche im Hintergrund auf die Prozessionen drängen, nicht den Zweck verfolgen, von Gott etwas zu erbitten, sondern die Absicht haben, durch religiöse Massenkundgebungen das Augenmerk irdischer Machthaber auf unsere Heimat zu lenken, auch weil sich zu rein weltlichen Kundgebungen nicht soviel Leute zusammentrommeln lassen. Also: religiöses Beten des Volkes ist Mittel, irdisches Eindruckerwecken Zweck ... 4) Schließlich besteht die Befürchtung, daß sich Priester und Laien ausgerechnet wieder von jenen einfädeln und vorschieben lassen, die das Hackenkreuz nur übertüncht haben. Vor 1939 hat man dem Nationalen zulieb bei uns das Weltanschauliche übersehen und so die Gläubigen der glaubensfeindlichen Organisation ausgeliefert. Die Folge war das Jahr 1939! Soll noch ein schlimmeres 1939 kommen?« Das Schreiben endet mit der Ankündigung, daß Weisungen für die Herz-Jesu-Jubelfeier für das nächste Diözesanblatt vorgesehen sind.[112]

Euer Glaube ... wertvoller als Gold, das im Feuer geprüft wurde (1 Petr 1,7). Kartusche mit der aus dem brennenden Herzen aufragenden Schwurhand. Pfarrkirche Kaltern, 1816.

Die Haltung des Klerus des deutschen Anteiles

Das Schreiben Kögls wurde in einer Priesterversammlung in Meran besprochen, und Dr. Alfons Ludwig wurde ermächtigt, Kögl mitzuteilen, daß die Priester zwar zum Gehorsam bereit seien, aber nicht die Meinung des Ordinariates teilen. Ludwig schickte sodann ein vierseitiges Schreiben, das die Gegengründe enthielt, dem Trienter Ordinariat. In diesem Schreiben sagte er unter anderem, daß die Veranstalter der Prozessionen nicht Politiker und nicht Ungläubige, sondern Priester sind. »Die Priester«, so Ludwig, »haben den religiösen Standpunkt beibehalten zur Zeit, als die NS an der Macht waren, sie werden es umso mehr tun, da jene nicht mehr an der Macht sind ... Der irdische Zweck oder Anlaß der Prozessionen ist mit der Religion eng verbunden. Es handelt sich um die Wahrung der Grundrechte eines Volkes ... Das 2. Gebot Gottes steht eher in Gefahr, wenn das Volk vom Verbote

Ich bin gekommen, um Feuer auf die Erde zu werfen (Lk 12,49). Reliefiertes Herz Jesu. Pfarrkirche Sankt Nikolaus in Meran, um 1800.

der Prozessionen erfährt ... Die sententia communis des Klerus ist anders als jene im Zirkular ... Wenn bei den kirchlichen schon festgelegten Prozessionen das Volk in Masse teilnimmt, so kann immer wieder der Eindruck einer ›politischen‹ Prozession entstehen. Da stehen wir immer vor der gleichen Lage.« Ludwig schickte am 14. Mai 1946 diese thesenförmig zusammengefaßten Gegengründe mit einer Abschrift des Trienter Rundschreibens an Pompanin und bat ihn, dazu Stellung zu nehmen.[113]

Am 20. Juni 1946 antwortete Pompanin Ludwig und betonte, daß man in der Diözese Brixen, wo es solche außergewöhnliche Prozessionen schon gegeben habe, die Gefahren nicht sehe. Es sei vor allem nicht wahr, daß diese Prozessionen von Hintermännern aus politischen Gründen veranlaßt wurden. »Diese Prozessionen«, schreibt Pompanin, »wurden bei uns von Geistlichen und frommen Laien verlangt, weil sie überzeugt sind, daß in unserem Kampfe um die Rettung Südtirols die Entscheidung von oben kommen muß ... Richtig ist es, daß man um ein irdisches

Gut hauptsächlich betete. Aber das lehrt uns die Kirche immer wieder zu tun ... Weil diese Voraussetzungen falsch sind, von denen Monsgr. Kögl ausgeht, fallen auch seine Schlüsse in sich zusammen ... Im großen und ganzen sehe ich in diesen großen Prozessionen doch eine Kundgebung des Glaubens und des frommen Sinnes unseres Volkes. Unser Ordinariat hat zwar selbst nicht die Initiative ergriffen, um solche Prozessionen zu veranlassen, hat aber gerne die Erlaubnis dazu gegeben, wo es darum ersucht wurde ... Monsgr. Kögl sieht die Welt durch eine schwarze Brille, so kommt mir wenigstens vor, und trifft bei all seiner Gelehrsamkeit doch manchmal daneben.«[114]

Die Massenwallfahrten

In dieser Zeit kam es überall in Nordtirol zu Massenwallfahrten, um für die Rückkehr Südtirols zu Österreich zu beten. Bereits Ende 1945 gab das bischöfliche Ordinariat von Innsbruck das Jahresprogramm für die Feier des Jubeljahres des Bundes Tirols mit dem Herzen Jesu bekannt. Darin waren auch große Volkswallfahrten für den kommenden Herbst vorgesehen. Angesichts der bevorstehenden Entscheidung über das Schicksal des Landes wurden diese Kundgebungen aber vorverlegt. Beim Bauerntag in Innsbruck am 19. März 1946 wurde beschlossen, am 25. März im ganzen Land Volkswallfahrten zu organisieren. So kam es an diesem Tage in allen Teilen des Landes zu solchen Kundgebungen. Die Oberländer pilgerten nach Kaltenbrunn, die Bauern von Außerfern zum Frauenbrünnele, die Imster wanderten nach Gungelgrün und Locherboden, während die Innsbrucker die Gnadenstätte Maria unter den vier Säulen aufsuchten. Die Stubaier gingen nach Birkenberg, die Wipptaler wallten nach Steinach, wohin sogar das uralte Gnadenbild »Unser Herr im Elend« von den Matreiern getragen wurde. Im Bezirk Schwaz trafen sich die Leute in Georgenberg und Eben sowie in Hainzenberg und Ramsau. Am eindrucksvollsten gestaltete sich die Wallfahrt im Bezirk Kufstein und Kitzbühel, wo die Bevölkerung in Maria Stein zusammenkam.[115]

Diese Massenwallfahrten setzten auch in Südtirol ein, und zwar vor allem in der Diözese Brixen. Am 6. April 1946 (noch vor dem Verbot Kögls) kamen zum Fest der Muttergottes Kreuzgänge von ringsum nach Säben, um für die Anliegen des Landes zu beten. Es dürften 2500 Menschen gewesen sein.[116] Zum Patroziniumsfest in Aufkirchen versammelten sich 4000 Leute des Dekanates Innichen.[117] In Trens fand am 13. April 1946 eine Bittwallfahrt statt, an der 8000 bis 10.000 Personen teilnahmen. Vom Brenner angefangen, waren alle Seelsorgsgemeinden des oberen Eisacktales mit ihren Seelsorgern laut betend nach Trens gezogen. Es kamen auch Wallfahrer mit dem Zug aus der Gegend von Brixen, sowie solche von der Bozner und der Meraner Gegend. Auch aus dem Sarntal waren zahlreiche Pilger über die Berge gekommen. Pfarrer Falk hielt die Predigt, bei der er aufzeigte, wie es in der letzten Zeit auch in Südtirol gar manchen Abfall von der von altersher gerühmten Tiroler Glaubenstreue gegeben habe, und endete mit den Worten des Tiroler Herz-Jesu-Bundesliedes.[118]

Mein Herz ist bereit, o Gott, mein Herz ist bereit (Ps 57,8).
Vorsatzvitrine mit dem Herzen Mariä am linken Seitenaltar von Maria Heimsuchung
am Birkenberg bei Telfs, um 1760.

Die Kundgebung in Trens sollte von der Kassiansprozession in Brixen noch weit übertroffen werden. In der Tat kamen an diesem Tag große Menschenmassen aus der näheren und weiteren Umgebung. Im Dom stand die Menge Kopf an Kopf schon lange vor Beginn des Gottesdienstes. Der Dom war so voll, daß Tausende auf dem Domplatz bleiben mußten. Zum ersten Mal war auf der Kanzel ein Mikrophon angebracht, das vor dem Dom mit Lautsprechern verbunden war. Die Festpredigt hielt der Regens des Kassianeums Joseph Gargitter, der spätere Bischof. Er sagte, daß die richtige Hilfe weder von Westen noch von Osten, sondern einzig und allein von oben kommt.[119]

Kritische Gedanken zur Herz-Jesu-Jubelfeier 1946

Als man sich so auf die 150jährige Gedächtnisfeier des Herz-Jesu-Gelöbnisses am 30. Juni 1946 vorbereitete, kamen die schon angekündigten kritischen Überlegungen zur Jubelfeier aus der Trienter Kurie. Das dortige Diözesanblatt veröffentlichte im April einen langen unsignierten Beitrag, der aber sicherlich auf Mons. Josef Kögl (1898-1979)[120] zurückgeht. In diesem Beitrag wird gesagt, daß man bis 1816 allgemein von einem Gelübde sprach, das im Jahre 1796 abgelegt und anschließend erneuert wurde. Im Laufe des 19. Jahrhunderts habe man dann aus dem Gelübde einen Bund gemacht, den Tirol mit dem Herzen Jesu geschlossen hat. Dann wird klargestellt, daß »es nach der Erfüllung des Alten Bundes in Christus keinen ›Bund‹ mit einem einzelnen Volk mehr« gibt. »Nie hat Gott den Tirolern etwas versprochen, was er nicht allen anderen Völkern auch versprochen hat. Nie hat Gott gesagt: Du halte das Herz-Jesu-Fest, ich schütze dich dafür in Not und Kriegsgefahr. Auch die Tatsache, daß das Vertrauen der Alten belohnt wurde und Tirol 100 Jahre lang in den Kriegen glimpflich abgeschnitten hat, ist keine solche Offenbarung. Die Schweiz ist verschont geblieben, auch ohne Herz-Jesu-Verlöbnis.«

Weiter heißt es: »Wenn wir sagen: Tirol hat einen Bund mit dem Herzen Jesu geschlossen, so bedeutet das in diesem Sinne: die Gesamtheit des Volkes oder wenigstens die Mehrzahl ... will leben nach dem Beispiel des Herzen Jesu ... Wird ... vom theozentrischen Denken zum antropozentrischen abgeschwenkt durch Voranstellen des Patriotischen vor das Herz, oder noch deutlicher ausgedrückt, der ›Bundesherr‹ zu ›Bundesknecht‹ degradiert, so ist auch der nur bildlich gedachte Bund gebrochen.« Dann geht Kögl auf den »Gebrochenen Bund« näher ein und weist auf den unseligen Konflikt zwischen Konservativen und Christlichsozialen um die Jahrhundertwende hin. In diesem Zusammenhang zitiert er den gemeinsamen Hirtenbrief der Landesbischöfe vom 27. August 1903 und betont: »Man versteht das Jahr 1939, wenn man in diesem Hirtenbrief Sätze liest wie: ›Noch trauriger ist es, daß dieser Streit sogar auf das öffentliche Leben, auf den gegenseitigen Verkehr sich erstreckt: Man traut einander nicht, weicht sich aus und meidet sogar das Geschäftslokal des Nachbarn ...« Bezüglich »Christ und nationale Gegensätze« schreibt Kögl: »Herz-Jesu-Verehrung verträgt sich mit dem Nationalitätenhaß, wie Wasser und Feuer. Sie bedeutet die Nachahmung jenes Christus, der in seiner Predigt über echtes Christentum eine äußerst praktische Norm aufgestellt hat: ›Alles, was ihr von den Leuten erwartet, das sollt auch ihr ihnen tun.‹ Der Beitrag endet mit dem eindringlichen Appell zur »Sühne für alle Sünden jeder Art, die in unserem Bergland, von wem auch immer, begangen wurden. Sühne für den Abfall vom Glauben solcher, die in unseren Taufbrunnen getauft wurden. Sühne für den Rückgang des Glaubenslebens in den letzten 50 Jahren und das Absinken in den letzten 7 Jahren. Sühne für die Veräußerlichung der Religion. Sühne für jeden Mißbrauch des Heiligen zu politischen Zwecken.«[121]

Der würdige Verlauf der Jubelfeier vom 30. Juni 1946

Am 29. Juni 1946 fand in Innsbruck der Treueschwur der Tiroler Jugend anläßlich der 150jährigen Wiederkehr des Bündnisses Tirols mit dem Herzen Jesu statt, an der auch Bischof Rusch teilnahm.[122] In diesem Zusammenhang schrieben auch die beiden Bischöfe von Salzburg und Innsbruck einen gemeinsamen Hirtenbrief.[123]

In Südtirol kam es am 30. Juni in Bozen zu einer beeindruckenden Gedächtnisfeier. Weil die Bozner Pfarrkirche durch Bomben zerstört war, fand der Gottesdienst unter freiem Himmel am Waltherplatz statt. Das ganze Land war vertreten. An der Feier nahm die Führungsspitze der Südtiroler Volkspartei, und zwar Erich Amonn,

Josef Raffeiner, Otto von Guggenberg, Friedl Volgger und Josef Menz-Popp sowie Toni Ebner, teil. Unter der Geistlichkeit sah man die Prälaten Petrus Klotz (Salzburg), Ambros Giner (Neustift), Adrian Egger (Brixen) und Mons. Josef Kögl (Trient). Es fehlten aber die Oberhirten von Trient und Brixen. Der Bozner Propst Josef Kalser zelebrierte das feierliche Hochamt, Mons. Johannes Kröß, Dekan von Kaltern, hielt die Festpredigt, in der er von Treue zum Herzen Jesu sprach und sichtlich bemüht war, jeglichen politischen Akzent zu vermeiden.[124] Nach der feierlichen Erneuerung des Gelöbnisses ging man in Prozession nach Gries, wo die Feier mit der Weihe an das heiligste Herz Jesu und mit dem Segen durch das Allerheiligste ausklang. Am Abend wurden dann die Bergfeuer gezündet.[125] Da die Feier ganz den Wünschen der Trienter Diözesanleitung entsprach, sprach Erzbischof Karl von Ferrari dem Propst von Bozen und dem Festausschuß am 3. Juli 1946 seine Anerkennung aus.[126] Der Erzbischof entschuldigte sein Fernbleiben mit dem Hinweis, daß am gleichen Tag eine außergewöhnliche Herz-Jesu-Weihe des Erzbistums im Dom zu Trient stattgefunden habe.[127]

Der Herz-Jesu-Zyklus von Max Weiler

Nach dem Zweiten Weltkrieg wurde dem in Hall in Tirol geborenen und inzwischen zu den bedeutendsten Vertretern zeitgenössischer Malerei Österreichs zählenden Künstler Max Weiler der Auftrag gegeben, die Theresienkirche auf der Hungerburg in Innsbruck zu freskieren. Die Bilder sollten ein Andenken an das 1946 begangene 150jährige Jubiläum des Bundes Tirols mit dem Herzen-Jesu sein. Bereits im Jahre 1946 entstand das Fresko »Verehrung des Herzens Jesu« an der Westseite. Im Jahre 1947 malte der Künstler an der Ostwand die Trilogie »Herz-Jesu-Sonne«, »Lanzenstich« und »Letztes Abendmahl und Ölberg«. Im sogenannten Lanzenstich wird der Tod Jesu am Kreuz dargestellt. Ein Mann hoch zu Roß gibt den Befehl, ein zweiter führt den Lanzenstich und ein dritter hält die Fahne. Damit wollte der Künstler mit seinem expressiven Stil die Gegenwart in seiner Darstellung des Heilsgeschehens miteinbeziehen. Er wollte offenbar jene Menschen darstellen, die durch ihr sündiges Verhalten auch Mitschuld am Kreuzestod Christi tragen.

Da die dargestellten Männer, der Kleidung nach zu schließen, Tiroler Bauern oder gar Schützen sind[128], gewannen viele den Eindruck, der Künstler wollte die ewige Treue der Tiroler in Frage stellen, er wollte behaupten, diese Treue sei zum bloßen Lippenbekenntnis verkommen[129] und die Tiroler hätten Christus getötet. Die Reaktionen auf diese Provokation waren so wütend, daß es zu einem regelrechten Bildersturm kam, die Fresken an der Ostseite von 1950 bis 1960 verhängt werden mußten und die weitere Ausmalung der Kirche unterblieb.[130] Auch international hat der Konflikt ein solches Aufsehen erregt, daß sich 1968 sogar eine Doktorarbeit an der philosophischen Fakultät der Universität Innsbruck damit befaßte.[131] Heute haben sich die dunklen Wogen geglättet, und es kommen immer mehr Menschen, um die aufsehenerregenden Fresken zu betrachten.

Die Feuernacht am Herz-Jesu-Sonntag 1961

Ähnlich wie in der Optionszeit gab es auch in der Nachkriegszeit in der Südtiroler Kirche eine Spaltung in bezug auf die nationale Frage. Der junge Brixner Bischof Joseph Gargitter (1952–1986)[132] wollte von Anfang an der Bischof aller Volksgruppen sein. Sein Ziel war es, die tiefen Gräben, die durch Faschismus und Nationalsozialismus entstanden waren, zuzuschütten und die blutenden Wunden zu heilen. Er glaubte, die ethnischen Spannungen ließen sich in der Zusammenarbeit mit entsprechenden Kräften in der Democrazia Cristiana überwinden. Damit war er auch im Einklang mit der alten, in ethnischen Fragen kompromißbereiten Führung der Südtiroler Volkspartei. In diesem Zusammenhang wurden vor allem die katholischen Organisationen Träger einer Verständigungspolitik zwischen den Volksgruppen. Ganz anderer Meinung hingegen war Kanonikus Michael Gamper[133], der als verantwortlicher Schriftleiter der Tageszeitung »Dolomiten« auf Klerus und Volk großen Einfluß ausübte. Er gab bereits im Jahre 1953 die Parole vom »Todesmarsch« der Südtiroler aus, die bald Sepp Kerschbaumer und die Leute des Befreiungsausschusses Südtirol (BAS) prägte. Diese bereiteten schließlich die Feuernacht vor[134], in der an die vierzig Hochspannungsmasten gesprengt wurden.[135]

Am Herz-Jesu-Sonntag, dem 11. Juni 1961, brannten abends auf Südtirols Bergen die Herz-Jesu-Feuer. Über Bozen lag selbst noch um ein Uhr früh eine drückende Hitze. Plötzlich hörte man mächtige Detonationen. Die Redakteure der Dolomiten eilten auf die Dachterrasse des Verlagshauses in der Museumstraße. Fritz Berger berichtet: »... von dort aus konnten wir den ganzen Feuerzauber genau beobachten und verfolgen. Zuerst hat's in St. Georgen gekracht, bei Jenesien, und dann auf dem Virgl, im Überetsch, und zugleich hat man auch fernere Detonationen vernommen. Man hat regelrechte Stichflammen aufsteigen sehen. Der Himmel hat in allen Tonarten aufgeleuchtet.«

Bereits am 13. Juni schrieb der Chefredakteur der Dolomiten Toni Ebner unter dem Titel »Geschändetes Herz-Jesu-Fest«: »Dann kam – kurz nach Mitternacht – die Schändung des Herz-Jesu-Sonntages, des Festes des Bundesherrn unseres Volkes.« Eine nicht abreißende Kette von heftigen Explosionen erschütterte die Herzen des Volkes. Am 14. Juni verurteilten dann die Bischöfe von Trient und Brixen diese Vorfälle aufs schärfste. Wörtlich heißt es in der Erklärung: »... daß diese Anschläge nicht bloß vor dem weltlichen Gesetz, sondern auch vor Gott und dem Gewissen schwere Verbrechen und darum schärfstens zu verurteilen sind. Daß solche Anschläge ausgerechnet am Herz-Jesu-Sonntag ... verübt wurden, verrät die ganz und gar unchristliche, niedrige Gesinnung dieser Attentäter.«[136] In seinem Hirtenbrief vom 4. August 1961 schrieb dann Gargitter: »Hier sucht vor allem auch der Kommunismus einen Unruheherd im Herzen Europas, hier geht es um den Kampf des Gottlosentums gegen die freie, christliche Welt.«[137] Später soll Gargitter zu Josef Fontana gesagt haben, »daß er das alles inzwischen etwas anders sieht«.[138]

Am Herz-Jesu-Sonntag 1962, als sich die Feuernacht jährte, sorgte Sepp Kerschbaumer noch einmal für große Entrüstung bei der italienischen Presse, weil

Einer der Soldaten stieß mit der Lanze in seine Seite, und sogleich floß Blut und Wasser heraus (Joh 19,34). Lanzenstoß. Fresko von Max Weiler, 1947. Hungerburgkapelle Innsbruck.

er eine aus großen weiß-roten Taschentüchern zusammengenähte Tiroler Fahne ans Gitter seines Bozner Gefängnisses hißte, die gerade zum gegenüberliegenden Sitz der Tageszeitung Alto Adige hinüberwehte.[139]

Die Vorbereitungen für die 200-Jahr-Feier

Seit geraumer Zeit bereiten sich nun Kirche, Land und Schützen auf die 200-Jahr-Feier des Tiroler Herz-Jesu-Gelöbnisses im Jahre 1996 vor.[140] In Innsbruck fand am 20. Mai 1995 ein Symposion mit dem Titel »Herz Jesu – Hypothek und Chancen einer Symbolik zwischen Mystik und Politik« statt.[141] Die Diözese Innsbruck nahm dieses Jubiläum auch zum Anlaß, einen Kunstpreis auszuschreiben. Die Künstler/innen sind eingeladen, »sich intensiv mit der Symbolik des Herzens und speziell des Herzens Jesu zu befassen und Werke zu gestalten, die Inhalte dieser Symbolik in heute gültigen künstlerischen Formen und Darstellungen zum Ausdruck zu bringen«.[142]

Nachdem sich in der Diözese Bozen-Brixen verschiedene Gremien mit der Thematik beschäftigt haben[143], werden eine Reihe von Initiativen durchgeführt, die sich über das ganze Jahr hinziehen. Den Auftakt bildete am 23. Juni 1995 die symbolträchtige Feier des Herz-Jesu-Festes durch den Bischof Wilhelm Egger im Girlaner Jesuheim. Bei einer Pressekonferenz sagte der Oberhirte, man wolle »rechtzeitig« mit den Initiativen zum Jubiläum beginnen, damit »die Akzente richtig gesetzt werden«.

Mit den verschiedenen Veranstaltungen soll auch eine geschichtliche Aufarbeitung des Herz-Jesu-Gelöbnisses angestrebt werden. Dies vor allem für die italienischsprachige Bevölkerung. »Ursprünglich war es eine gemeinsame Feier, deshalb darf sie jetzt nicht gegen eine Gruppe benutzt werden.«[144] Wie Bischof Wilhelm Egger in seinem am 24. Juni 1995 erschienenen Hirtenbrief »Bei dir ist die Quelle des Lebens« schrieb, soll vor allem die religiöse Perspektive der Herz-Jesu-Feierlichkeiten hervorgehoben und im Bewußtsein der Bevölkerung verankert werden. Die Akzentuierung liege dabei in der Betonung der Menschlichkeit und des Dialogs miteinander.[145]

Abschließend können wir sagen, daß man in der Herz-Jesu-Verehrung heute mehr denn je zurückkehren muß zur Theologie der biblischen Offenbarung vom Herzen des Herrn, aus dem uns die Ströme lebendigen Wassers fließen, die alles umfassen, was wir Gnade und Kirche, Sakramente und Mystik, Liebe und ewiges Leben nennen.[146] In diesem Zusammenhang soll man allerdings auch die Worte des polnischen Schriftstellers Jerzy Lec beherzigen, die da lauten: »Wer zu den Quellen will, muß gegen den Strom schwimmen«.

In Tirol, wo die patriotische Begeisterung, wie der Innsbrucker Bischof Stecher sagt, manchmal im »Pulverdampf und Schlachtengetöse« den eigentlichen Sinn der Andacht etwas verdeckt hat[147], wird es vor allem darauf ankommen, den Blick auf

*Vor allem aber liebt einander, denn die Liebe ist das Band,
das alles zusammenhält und vollkommen macht (Kol 3,14).
Macht des Rot, von Max Weiler 1987.*

das Herz-Jesu frei zu machen, damit wir den absoluten Primat der Liebe Gottes neu entdecken und Gott über alles lieben und den Nächsten wie uns selbst.[148] Trotz Kitsch und Ballast[149] lohnt es sich auch heute, auf diese traditionsreiche, christliche Symbolik unserer Väter zu setzen, die viele edle Seiten aufzuweisen hat. »Drum geloben wir aufs neue, Jesu Herz, dir ew'ge Treue.«

Anmerkungen

1 A. van Rijen, Das dogmatische Verständnis der H.-J.-V., in: Lexikon für Theologie und Kirche, Bd. 5, Freiburg 1960, 292. Eine der wichtigsten Publikationen über die Herz-Jesu-Verehrung ist immer noch die von J. Stierli (Hg.), Cor Salvatoris. Wege zur Herz-Jesu-Verehrung, Freiburg 1954; grundlegend auch A. Bea – H. Rahner u. a. (Hg.), Cor Jesu, Commentationes in litteras enzyclicas Pii PP. XII »Haurietis aquas«, 2 Bde., Rom 1959. Eine neuere Arbeit stammt aus der Feder von A. Tessarolo, Theologia cordis. Appunti di teologia e spiritualità del Cuore di Gesù, Bologna 1993. Eine wichtige Arbeit Tirol betreffend verfaßte W. Marzari, Dokumentation zum Gelöbnis 1796, Bruneck 1995, hier findet sich auch eine umfangreiche Literaturliste.

2 H. Denzinger, Kompendium der Glaubensbekenntnisse und kirchlichen Lehrentscheidungen, hrsg. v. P. Hünermann, Basel-Rom-Wien ^{37}1991, 142. P. Stockmeier – J. B. Bauer, Altertum, in: J. Lenzenweger u. a. (Hg.), Geschichte der katholischen Kirche, Graz-Wien-Köln ^{3}1995, 167; K. Baus – E. Ewig, Die Reichskirche nach Konstantin dem Großen (Handbuch der Kirchengeschichte), Bd. II/1, Freiburg-Basel-Wien 1973, 125. Vgl. dazu auch die Enzyklika »Haurietis aquas«, Nr. 25. Beim Kult handelt es sich um eine adoratio, siehe dazu H. Denzinger – A. Schönmetzer, Enchiridion Symbolorum, Barcelona-Freiburg i. Br. 1965, 431 u. 2661. In dieser Arbeit wird im Gebrauch der Begriffe Kult, Verehrung und Spiritualität nicht genauer unterschieden, vgl. dazu Tessarolo, Theologia cordis, 17-19.

3 Vgl. K. Rahner, Einige Thesen zur Theologie der Herz-Jesu-Verehrung, in: Stierli (Hg.), Cor Salvatoris, 196.

4 J. Stierli, Herz-Jesu-Verehrung, I. Die Geschichte, in: Lexikon für Theologie und Kirche, Bd. 5, Freiburg 1960, 290.

5 H. Rahner, Die Anfänge der Herz-Jesu-Verehrung in der Väterzeit, in: Stierli (Hg.), Cor Salvatoris, 72. Die Stelle von Joh. 19, 32-34 wird auch von Augustinus, Johannes Chrysostomus und Gregor d. Großen entsprechend kommentiert, vgl. dazu Marzari, Dokumentation, 21.

6 Stierli, Herz-Jesu-Verehrung, 290; ihren spezifischen Anfang nahm die Herz-Jesu-Verehrung im Mittelalter mit Bernhard von Clairvaux, A. Coreth, Liebe ohne Maß. Geschichte der Herz-Jesu-Verehrung in Österreich im 18. Jahrhundert, Horn 1994, 14.

7 Zu Mechthild siehe B. Weiss, Mechthild von Magdeburg und der frühe Meister Eckhart, in: Theologie und Philosophie 1, 1995, 1-40.

8 A. Sparber, Zur Geschichte der Herz-Jesu-Verehrung in Tirol, in: Der Schlern 20, 1946, 194; E. Iserloh, Die deutsche Mystik, in: Handbuch der Kirchengeschichte, III/2, Freiburg-Basel-Wien 1968, 465; J. Stierli, Die Herz-Jesu-Verehrung vom Ausgang der Väterzeit bis zur hl. Margareta M. Alacoque, in: Stierli (Hg.), Cor Salvatoris, 73-136.

9 Stierli, Die Herz-Jesu-Verehrung vom Ausgang, 103.

10 Coreth, Liebe ohne Maß, 15.

11 L. Cognet, Die Spiritualität und ihre Entwicklung im Frankreich des 18. Jahrhunderts, in: Handbuch der Kirchengeschichte, Bd. V., Freiburg-Basel-Wien 1970, 467.

12 Coreth, Liebe ohne Maß, 22 f., 58 f.

13 J. Stierli, Die Entfaltung der kirchlichen Herz-Jesu-Verehrung in der Neuzeit, in: Stierli (Hg.), Cor Salvatoris, 150 f.

14 Coreth, Liebe ohne Maß, 70.

15 Rahner, Einige Thesen, 198.

16 Cognet, Die Spiritualität, 467.

17 Stierli, Die Entfaltung, 154-156. Zu P. Claude de la Colombière siehe P. Molinari, Il messaggio di San Claudio la Colombière, in: CH. A. Bernard (Hg.), Il cuore di Cristo. Luce e forza, Rom 1995, 15-48.

18 Daß die Reaktion in Rom so ausfiel, ist wohl auch darauf zurückzuführen, daß man glaubte, diese Andachtsform sei etwas ganz Neues. Man hätte damals viel mehr auf die Tradition vor allem seit Bernhard von Clairvaux und Franz von Assisi hinweisen müssen, Marzari, Dokumentation, 13; vgl. auch R. Tucci, Storia della letteratura al culto del S. Cuore di Gesù dalla fine del sec. XVII ai nostri giorni. Saggio storico-bibliografico, in: Bea – Rahner (Hg.), Cor Jesu, 2. Bd., 499-638.

19 Cognet, Die Spiritualität, 467 f. Zwischen 1694 und 1700 entstanden europaweit 35 Herz-Jesu-Bruderschaften, zwischen 1700 und 1720 sind es schon 202, zwischen 1720 und 1730 112, zwischen 1740 und 1758 bereits 419. In ca. 75 Jahren waren es insgesamt 1088, P. Zovatto, Nuove Forme di religiosità popolare tra sette e ottocento, in: G. De Rosa-T. Gregory (Hg.), Storia dell'Italia religiosa, Bd. II, Bari 1994, 395 f. Des Herzens Jesu bedienten sich die Aufständischen der Vendée gegen die Revolution, L. J. Rogier Die Kirche im Zeitalter der Aufklärung und Revolution, in: Geschichte der Kirche, Bd. IV., Einsiedeln-Zürich-Köln 1966, 333.

20 G. Fabbri, Genesi e diffusione del culto del sacro cuore nell'Alto Adige. Aspetti e problemi di una singolare iconografia, Dissertation, Bologna 1993/94, 55-57. Diese Art der Darstellung, daß Jesus sein Herz in der linken Hand hält, wurde von der Ritenkongregation kritisiert, Marzari, Dokumentation, 24.
21 Zovatto, Nuove Forme, 393-402. Zur Synode von Pistoia siehe J. Gelmi, Das Zeitalter des Staatskirchentums und der Aufklärung, in: Lenzenweger (Hg.), Geschichte, 407; P. Stella, Introduzione storica, in: Atti decreti del concilio diocesano di Pistoia dell'anno 1786, Bd. 2, Florenz 1986.
22 Coreth, Liebe ohne Maß, 157.
23 Coreth, Liebe ohne Maß, 186.
24 J. Dessl, Die Herz-Jesu-Verehrung in Oberösterreich im 18. und 19. Jahrhundert. Etappen der kirchlichen Integration einer Frömmigkeitsform. Jahrbuch des österreichischen Musealvereins 132, Linz 1987, 110-112.
25 R. Aubert, Die scheinbaren Erfolge der Kirche Frankreichs während des Zweiten Kaiserreiches und der »Ordre Moral«, in: Handbuch der Kirchengeschichte, Bd. VI/1, Freiburg-Basel-Wien 1971, 525.
26 In diesem Zusammenhang engagierte sich auch P. Leo Dehon (1843-1925), der 1889 eine entsprechende Zeitschrift gründete, Tessarolo, Theologia cordis, 13.
27 Zu Beginn des Ersten Weltkrieges wurde auch Österreich dem göttlichen Herzen geweiht, Coreth, Liebe ohne Maß, 185; die Weihe Deutschlands an das heiligste Herz Jesu erfolgte 1915; vgl. dazu Unter dem Zeichen des Herzens, hrsg.v. Sekretariat der Deutschen Bischofskonferenz, Bonn 1990, 5.
28 R. Aubert, Entwicklung der Frömmigkeitsformen, in: Handbuch der Kirchengeschichte, Bd. VI/1, Freiburg-Basel-Wien 1971, 666-668. Selbst bei Rosmini spielte das Herz Jesu eine nicht unbedeutende Rolle, vgl. dazu F. De Giorgi, Il tema del S. Cuore nella spiritualità di Rosmini, in: G. Beschin (Hg.), Antonio Rosmini, filosofo del cuore? Philosophia e teologia cordis nella cultura occidentale. Atti del convegno a Rovereto il 6 – 7 – 8 ottobre 1993, Brescia 1995, 437-454.
29 »Annum sacrum« ist die erste päpstliche Enzyklika, die gänzlich der Verehrung des Heiligsten Herzen Jesu und ihrem theologischen Fundament gewidmet ist, E. Guerriero-A. Zambarbieri, La chiesa e la societá industriale, in: Storia della chiesa (1878-1922), Bd. XXII/1, Cinisello Balsamo 1990, 76; vgl. auch F. Degli Espositi, La teologia del S. Cuore di Gesù da Leone XIII a Pio XII, Rom 1967, 21-33.
30 O. Köhler, Formen der Frömmigkeit, in: Handbuch der Kirchengeschichte, Bd. VI/2, Freiburg-Basel-Wien 1973, 271 f. Der Theologe Giovanni Perrone fügte dem dogmatischen Traktat »De Verbo incarnato« auch ein Kapitel über das Herz Jesu an; K. Amon, Gottesdienst, Seelsorge und Frömmigkeit, in: Lenzenweger (Hg.), Geschichte, 546 f.
31 E. Fouilloux, Die katholische Frömmigkeit, in: J. M. Majeur (Hg.), Erster und Zweiter Weltkrieg. Demokratie und totalitäre Systeme (1914-1958), deutsche Ausgabe bearbeitet und herausgegeben v. K. Meier (Geschichte des Christentums) Bd. 12, Freiburg-Basel-Wien 1992, 242-244.
32 Siehe dazu S. Tramontin, Vita di pietá e vita di parrocchia, in: E. Guerriero – A. Zambarbieri (Hg.), La chiesa e la società industriale (1878-1922), in: Storia della chiesa Bd. XXII/2, Cinisello Balsamo 1990, 104.
33 E. Iserloh, Innerkirchliche Bewegungen und ihre Spiritualität, in: Handbuch der Kirchengeschichte. Bd. VII, Freiburg-Basel-Wien 1979, 318-320.
34 Tessarolo, Theologia cordis, 14 f.
35 Vgl. Index terminologicus, in: Das Zweite Vatikanische Konzil, Teil III (Lexikon für Theologie und Kirche), Freiburg-Basel-Wien 1968, 735-746; J. Deretz-A. Nocent, Konkordanz der Konzilstexte, Graz-Wien-Köln 1968.
36 Tessarolo, Theologia cordis, 15. Zu Paul VI. und die Herz-Jesu-Verehrung vgl. auch La devozione al Sacro Cuore nei discorsi di papa Montini, Vatikanstadt 1977.
37 A. Richtstätter, Die Herz-Jesu-Verehrung des deutschen Mittelalters, Bd. 2, Paderborn 1919, 48 f.; Fabbri, Genesi, 74.
38 Zu Putsch siehe J. Gelmi, Die Brixner Bischöfe in der Geschichte Tirols, Bozen 1984, 93-97.
39 A. Dörrer, Hochreligion und Volksglaube. Der Tiroler Herz-Jesu-Bund (1796 bis 1946) volkskundlich gesehen, in: Volkskundliches aus Österreich und Südtirol. Hermann Wopfner zum 70. Geburtstag dargebracht, hrsg. v. A. Dörrer und L. Schmidt (Österreichische Volkskultur 1), Wien 1947, 78.
40 Dörrer, Hochreligion, 80; zu Cusanus siehe zuletzt H. Hallauer, Nikolaus von Kues als Bischof und Landesfürst, in: Mitteilungen und Forschungsbeiträge der Cusanus-Gesellschaft 21, Mainz 1994, 275-315 (Lit.).
41 Sparber, Zur Geschichte, 195; nach Weingartner ist es J. Sunter zuzuschreiben, J. Weingartner, Die Kunstdenkmäler Südtirols, Bd. 2, Wien 1923, 143; andere Kunsthistoriker schreiben es eindeutig Meister Leonhard zu, J. Weingartner, Die Kunstdenkmäler Südtirols, Bd. 1, Gesamtredaktion von M. Hörmann-Weingartner, Bozen-Innsbruck-Wien ⁷1985, 286; Fabbri, Genesi, 115 f. Vgl. auch Marzari, Dokumentation, 23.
42 Dörrer, Hochreligion, 79 f.

43 Dörrer, Hochreligion, 76 u. 81. Zu Canisius vgl. auch A. Witwer, San Pietro Canisio e la spiritualità del Sacro cuore, in: Bernard (Hg.), Il Cuore di Cristo, 95-108.
44 Thomas von Bergamo starb im Rufe der Heiligkeit 1631 in Innsbruck. Seine letzte Ruhestätte fand er im dortigen Kapuzinerkloster. Mit Hippolyt Guarinoni verband ihn eine enge Freundschaft, M. Hetzenauer, Das Kapuziner-Kloster zu Innsbruck, Innsbruck 1893, 75-86. B. Weber, Tirol und die Reformation, Innsbruck 1841, 143 f.; H. Guarinoni, Thomas von Bergamo, Kapuzinerlaienbruder, übersetzt und herausgegeben von S. Mitterstiller, Innsbruck 1933; V. Wass, Der Bruder von Tirol, Innsbruck 1931; C. Neuner, Literarische Tätigkeit in der Nordtiroler Kapuzinerprovinz, Innsbruck 1929, 133.
45 Dörrer, Hochreligion, 81 f.
46 Dörrer, Hochreligion, 82.
47 F. Hattler, Festschrift zur hundertjährigen Jubelfeier des Bundes Tirols mit dem göttlichen Herzen Jesu. 1796-1896, Innsbruck 1896, 2 f. Vgl. zu Johanna von Kreuz auch Coreth, Liebe ohne Maß, 17 (Lit.). In dieser Zeit wurde das Herz Jesu auch von den Dominikanerinnen in Maria Steinach in Algund verehrt, wie ein Brief der Nonne Maria Theresia von Enzenberg um 1690 an Maria Hueber, der zukünftigen Gründerin der Tertiarschwestern in Brixen, beweist, vgl. J. Gelmi, Maria Hueber 1653-1705. Eine der bedeutendsten Frauen Tirols, Bozen 1993, 178. Maria Hueber selbst verehrte das Herz Jesu, vgl. dazu ihren ersten Brief, ebd. 402, siehe auch 408 f.
48 Hattler, Festschrift, 3; Sparber, Zur Geschichte, 195; weitere Bruderschaften entstanden im Zusammenhang mit den Jesuitenmissionen, so z. B. 1761 in Obernberg, 1777 in Virgen, 1773 in Straß, Hattler, Festschrift, 4.
49 Zu Künigl siehe A. A. Strnad, »Vir gravis est, et prudens, nec ullas in ipso unquam adverti levitates«, in: Innsbrucker Studien 10/11 (1988) 89-141; J. Gelmi, Fürstbischof Künigl (1702-1747) und die Erneuerung der Diözese Brixen, in: R. Bäumer (Hg.), Reformatio Ecclesiae. Beiträge zu kirchlichen Reformbemühungen von der Alten Kirche bis zur Neuzeit. Festgabe für E. Iserloh, Paderborn 1980, 847-862; ders., Künigl zu Ehrenburg und Warth, Kaspar Ignaz Freiherr von (1671-1747), in: E. Gatz (Hg.), Die Bischöfe des Heiligen Römischen Reiches 1648 bis 1803. Ein biographisches Lexikon, Berlin 1990, 250-252.
50 Coreth, Ein Leben ohne Maß, 99-101.
51 Zu den Volksmissionen siehe F. Hattler, Missionsbilder aus Tirol. Geschichte der ständigen tirolischen Jesuitenmission von 1719-1784, Innsbruck 1899; J. Gelmi, Kirchengeschichte Tirols, Innsbruck-Wien-Bozen 1986, 116-119;
52 Hattler, Festschrift, 3 f.; vgl. auch Coreth, Liebe ohne Maß, 170 f.; Fiedler, Der Bund, 34-38.
53 Dörrer, Hochreligion, 88. Ein Exemplar dieses Gebetbuches befindet sich in der Bibliothek des Schwazer Franziskanerklosters, ebd. 54 Marzari, Dokumentation, 27.
55 Die Herz-Jesu-Bruderschaft der Ursulinen in Innsbruck nannte sich nun »Bruderschaft der thätigen Nächstenliebe unter dem Schutze des allerheiligsten Herzens«, Hattler, Festschrift, 5. In Tirol wandten sich besonders die Freimaurer, die 1777 in Innsbruck und 1780 in Bozen eine Loge gegründet haben, gegen den Herz-Jesu-Kult, Gelmi, Kirchengeschichte, 141.
56 Hattler, Festschrift, 5. Nach Marzari, Dokumentation, 26 fand die Übertünchung des Bildes zwischen 1791 und 1793 unter dem Rektor der Hochschule und Kirchenprobst der Dreifaltigkeitskirche Niedermayr statt. Es könnte aber auch sein, daß die Übertünchung zwischen den Jahren 1783 und 1790 stattgefunden habe, als Johann Baptist Albertini Direktor des Generalseminars war, vgl. dazu Die Übertünchung des Herz-Jesu-Bildes in der Jesuitenkirche zu Innsbruck und dessen Wiederherstellung, Brixner Kirchenblatt v. 5. 12. 1877, 532. In diese Zeit würde sie eher passen. Zu Albertini siehe M. Farina, Un prete trentino nella temperie dell'Illuminismo. (Giovanni Battista Albertini, 1742-1820), in: Studi Trentini di Scienze Storiche 71, 1992, 358-360; J. Gelmi, Der selige Johann Nepomuk von Tschiderer, Fürstbischof von Trient (1777-1860), Brixen 1995, 13 u. 15.
57 Sparber, Zur Geschichte, 195 f. Zu Spaur siehe auch Gelmi, Die Brixner Bischöfe, 206-215; ders., Spaur, Joseph Philipp Franz Reichsgraf von (1718-1791), in: Gatz (Hg.), Die Bischöfe des Heiligen Römischen Reiches, 473-475.
58 P. Hersche, Der Spätjansenismus in Österreich (Veröffentlichungen der Kommission für Geschichte Österreichs 7), Wien 1977, 189. Vgl. auch Coreth, Liebe ohne Maß, 158 f.
59 Sparber, Zur Geschichte, 195 f.
60 Hattler, Festschrift, 5.
61 Vgl. dazu vor allem das 900 Seiten zählende grundlegende Werk für diese Zeit von F. Kolb, Das Tiroler Volk in seinem Freiheitskampf 1796-1797, Innsbruck-Wien-München 1957, 109.
62 Zu Lodron siehe Gelmi, Die Brixner Bischöfe, 215-226; ders., Lodron, Karl Franz von (1748-1828), in: E. Gatz (Hg.), Die Bischöfe der deutschsprachigen Länder 1785/1803 bis 1945. Ein biographisches Lexikon, Berlin 1983, 457 f.

63 Der Fürstbischof fügte dieser Bittschrift auch ein Ersuchen des Dekanates Flaurling bei, das vom Dekan, allen Pfarrern, Kooperatoren und Frühmessern sowie vom damaligen Abt von Stams, Sebastian Stöckl, unterschrieben war, Marzari, Dokumentation, 13 u. 20.
64 Gelmi, Kirchengeschichte, 141; vgl. auch Coreth, Liebe ohne Maß, 172 f.; Fiedler, Der Bund, 42 f. ; der Papst erlaubte für den Freitag nach der Oktav von Fronleichnam auch einen vollkommenen Ablaß in allen Kirchen der Diözese, wo sich ein Herz-Jesu-Bild befand, das von den Gläubigen innig verehrt wurde, Marzari, Dokumentation, 13.
65 Marzari, Dokumentation, 13.
66 Sparber, Zur Geschichte, 196.
67 P. J. Hättenschwiller, Der Bund Tirols mit dem göttlichen Herzen Jesu, Innsbruck 1917, 17 f.; das Hochstift Brixen war durch Hofkanzler Johann Peter Walter von Herbstenburg vertreten, das Brixner Domkapitel vertrat der Domherr Josef von Wolkenstein-Trostburg, ebd. 17.
68 Daß es Prälat Stöckl war, der diesen Vorschlag machte, geht nicht aus den Sitzungsprotokollen hervor, sondern aus einer Urkunde des Stamser Chronisten P. Casimir Schnitzer und aus einer lateinischen Chronik des Stamser Archivars P. Roger Schranzhofer. Auf diese beiden Quellen hat F. Hattler hingewiesen. Schließlich findet sich auch in einem Diarium aus den Jahren 1783-1798 eine entsprechende Eintragung von Stöckl selbst, vgl. dazu Marzari, Dokumentation, 20. Sebastian Stöckl war 1751 zu Petneu im Stanzertale geboren. Sein Vater war Wirt. Nachdem Sebastian die Lateinschule absolviert hatte, trat er in das Stift Stams ein. Im Jahre 1790 wurde er zum Abt gewählt. Er verstarb am 10. 11. 1819. Hättenschwiller, Der Bund, 18. Die Begeisterung für die Herz-Jesu-Verehrung hatte Stöckl von seinem Freund, dem Kuraten Johann Paufler († 31798) von Wildermieming (Oberinntal) übernommen, der den Kult im Dekanat Flaurling mit Erlaubnis des Brixner Ordinariates eingeführt hatte. Sparber, Geschichte, 197. Zu Paufler siehe Sendbote des göttlichen Herzens Jesu, Innsbruck 1907, 279.
69 Sparber, Geschichte, 197. Zum Gelöbnis von 1796 siehe auch Coreth, Liebe ohne Maß, 174 f.
70 J. Fiedler, Der Bund von Tirol, in: W. Kunzenmann (Hg.), Tirol Erbe und Auftrag. Zum Gedenkjahr 1959, Innsbruck-Wien 1959, 32 f. Zum Bild vgl. auch Ein Bildwerk von H. Kramer, W. Pfaundler, E. Egg, Innsbruck-Wien-München 1959, Abb. 4, siehe dazu den Text 28; Coreth, Liebe ohne Maß, 175. Hättenschwiller schreibt, daß sich das historische Herz-Jesu-Bild wahrscheinlich damals in der Bozner Pfarrkirche befunden habe, welche Rolle es aber gespielt hat, wissen wir nicht, Der Bund, 25. Vgl. dazu auch Marzari, Dokumentation, 30.
71 Marzari, Dokumentation, 31 f.
72 G. Pallaver hat diesen Passus folgendermaßen interpretiert: »Aber wenn es bei den Kämpfen gegen die Feinde in jenem Sommer 1796 schiefgehen sollte, die Landstände somit in der Befriedigung der Bedürfnisse angeblich versagt hatten, so war dies nur ein Beweis mehr, daß das Herz Jesu von der sündigen Masse zu sehr verletzt worden war und ihr deshalb die erflehte Hilfe verweigert hatte.« G. Pallaver, Im Schmollwinkel der Säkularisierung. Politische Instrumentalisierung religiöser Symbolik am Beispiel des Tiroler Herz-Jesu-Kultes, in: K. Kaser-K. Stocker (Hg.), Clios Rache. Neue Aspekte strukturgeschichtlicher und theoriegeleiteter Geschichtsforschung in Österreich, Wien-Köln-Weimar 1992, 163.
73 Marzari, Dokumentation, 15 u. 47, sowie Originaltext 16 f.; der Originaltext des Gelöbnisses war seit beinahe einem Jahrhundert lang unauffindbar. W. Marzari konnte ihn durch eine akribisch historische Kleinarbeit im Tiroler Landesarchiv wieder ans Tageslicht bringen, vgl. dazu Marzari, Dokumentation, 11-15. Zur Erstveröffentlichung des Textes vgl. ebd. 15.
74 Coreth, Liebe ohne Maß, 178 f. Wenn im Jahre 1720 die Diözese Marseille während einer Pestepidemie dem Herzen Jesu geweiht wurde, so ist das doch nicht vergleichbar mit Tirol, ebd. 179.
75 Sparber, Geschichte, 197 f.; Coreth, Liebe ohne Maß, 178; Kolb, Das Tiroler Volk, 110; vgl. auch Marzari, Dokumentation, 19 u. 52-55.
76 Zu Benitius Mayr vgl. auch Fiedler, Der Bund, 44 f.
77 Hättenschwiller, Der Bund, 25-37; Fiedler, Der Bund, 33 u. 42. Bis das Fest im ganzen Lande eingeführt war, das ja verschiedenen Diözesen unterstand, vergingen noch zwei bis drei Jahre, vgl. Marzari, Dokumentation, 19 u. 56 f. Zur Wiederherstellung des Innsbruckers Herz-Jesu-Bildes vgl. Marzari, Dokumentation, 28-30.
78 Zum Namen Lonz siehe Merch Graffonara, Catharina Lonz, das »Mädchen von Spinges« (1771-1854), in: Der Schlern 69, 1995, 300 f. Zur Person vgl. A. Sparber, Wer war das Heldenmädchen von Spinges? in: Der Schlern 22, 1948, 181-188.
79 Gelmi, Kirchengeschichte, 143.
80 Sparber, Geschichte, 198; vgl. auch F. Haider, Tiroler Brauch im Jahreslauf, 2. neubearbeitete und ergänzte Auflage, Innsbruck-Wien 1985, 262. Zwischen 1796 und 1799 rückten die französischen Truppen dreimal

nach Tirol vor, und zwar am 4. September 1796 bis nach Trient, 1797 bis nach Brixen und 1799, als die kaiserliche Armee unter Erzherzog Karl das Land befreite. Damals hielt der Kapuziner Jakob Gepp im Brixner Dom am 2. Juni eine Dankpredigt, die im Druck überliefert ist. Coreth, Liebe ohne Maß, 177 f.
81 Pallaver, Im Schmollwinkel, 163 f.
82 Gelmi, Kirchengeschichte, 162.
83 Hättenschwiller, Der Bund, 48-52.
84 Sparber, Geschichte, 199.
85 Sparber, Geschichte, 199 f. Zur Bundeserneuerung kam es auch anläßlich der Tiroler Gedenkjahre 1959 und 1984 vgl. dazu P. Zelger, Der Herz-Jesu-Bund in Tirol. Herz-Jesu-Sonntag im Gedenkjahr 1984. Gelöbnis, Weihe oder Bund?, Dolomiten v. 28. 6. 1984.
86 Vgl. dazu Pallaver, Im Schmollwinkel, 168.
87 Coreth, Liebe ohne Maß, 188; die Zeitschrift wurde vom Franziskaner P. Gaudentius Guggenbichler gegründet. Die erste Nummer erschien 1865 in Bozen. Noch im selben Jahr wurde die Schriftleitung den Jesuiten in Innsbruck übergeben. Im Laufe von 30 Jahren wurden allein in Tirol 572 Zentren des Gebetsapostolates errichtet und in 105 Pfarreien Herz-Jesu-Bruderschaften gegründet, Fiedler, Der Bund, 47.
88 Fiedler, Der Bund, 45.
89 J. Fontana, Der Kulturkampf in Tirol, Bozen 1978, 272-278.
90 Gelmi, Die Brixner Bischöfe, 239; der Fürstbischof sprach von einer unnennbaren Betrübnis, die sich seines Gemütes bemächtigt habe, J. Zobl, Vinzenz Gasser. Fürstbischof von Brixen in seinem Leben und Wirken, Brixen 1883, 549 f.; zu Gasser siehe auch J. Gelmi, Gasser, Vinzenz (1809-1879), in: Gatz (Hg.), Die Bischöfe der deutschsprachigen Länder, 233-236.
91 Fontana, Der Kulturkampf, 280.
92 Fontana, Der Kulturkampf, 281. In Brixen beteiligte sich z. B. vor allem die Umgebung an der Kundgebung, weniger hingegen die Stadt selbst, die eher sparsam illuminiert war, H. Heiss – H. Gummerer (Hg.), Brixen 1867 – 1882. Die Aufzeichnungen des Färbermeisters Franz Schwaighofer, Bozen – Wien 1994, 377. Zu Haller siehe E. Gatz, Haller, Johann Ev. (1825-1900), in: Gatz (Hg.), Die Bischöfe der deutschsprachigen Länder, 279-281.
93 H. Egarter, Tirols Herz-Jesu-Bund. Eine Festschrift zum Jubeljahre 1946, Brixen 1946, 38; Gelmi, Kirchengeschichte Tirols, 194. Bereits 1859 trug Gasser zur Mobilisierung des Landes bei, indem er das Bundesgelöbnis in den Kirchen erneuern ließ und dem Klerus mit einem Schreiben vom 15. Juni die Weisung erteilte, »sowohl öffentlich in Kanzelvorträgen als im Privatumgange auf die Belebung des Schützenwesens und die Bildung der Schützencompanienen nachdrücklichst hinzuwirken«, J. Fontana, Geschichte des Landes Tirol, Bd. 3. Bozen – Innsbruck – Wien 1987, 73. Zobl, Vinzenz Gasser, 298 f.; Heiss (Hg.), Brixen 1867-1882, 338.
94 Zobl, Vinzenz Gasser, 556 f. Schon damals gab es einen Gegensatz zwischen der aufgeklärten Religiosiät des liberalen Bürgertums und den bäuerlichen Frömmigkeitsvorstellungen. Im Juni 1875 wurde bei den Englischen Fräulein in Brixen von einem Jesuiten täglich eine Herz-Jesu-Andacht gehalten. Der Färbermeister Schwaighofer gab dazu folgenden Kommentar: »Derselbe (Jesuit) enthielt sich dabei aller und jeder politischen Anspielung und predigte wahrhaft christliche Wahrheiten, so daß sich die gebildete Klasse zahlreich einfand, weil man dergleichen schon lange nicht mehr hörte, dem Landvolk dürfte er zu wenig von Hölle und Teufel gesagt, auch zu wenig auf die Kanzel geschlagen haben, er hat durch seinen ruhigen Vortrag vielleicht auch nicht seinen Auftraggebern entsprochen«, Heiss (Hg.), Brixen 1867-1882, 166 u. 412.
95 Unter den Teilnehmern war auch Michael Gamper, der als Bub mit einer Schützengruppe seines Heimatdorfes nach Bozen gekommen ist, M. Gamper, Südtirol im Jubeljahr seines Bundes. Bericht über die 150-Jahr-Feier des Tiroler Herz-Jesu-Bundes im Jahre 1946, Brixen 1946, 7.
96 Sparber, Geschichte, 200.
97 Haider, Tiroler Brauch, 362 f.
98 F. Hattler hat sich um die Herz-Jesu-Verehrung im 19. Jahrhundert sehr verdient gemacht. Zeitweilig war er auch Schriftleiter des seit 1865 erscheinenden Herz-Jesu-Sendboten, der große Auflagen erzielte. Sparber, Geschichte, 200. Er hat auch eine Reihe von Herz-Jesu-Büchern geschrieben, die zahlreiche Auflagen erlebten, Fiedler, Der Bund, 45.
99 J. Hättenschwiller gab diese Festschrift 1917 mit vielen Ergänzungen erneut heraus.
100 S. Waitz, Tirol im Jubeljahre seines Bundes mit dem göttlichen Herzen Jesu. Gedenkbuch der Säkularfeier im Jahre 1896, Brixen 1897.

101 Sparber, Geschichte, 200 f.; die erste dem Herzen Jesu geweihte Kirche Südtirols ist jene von Sirmian, die 1843 errichtet wurde, Marzari, Dokumentation, 32.
102 Haider, Tiroler Brauch, 262.
103 Zum Streit zwischen Konservativen und Christlichsozialen siehe R. Schober, Die Tiroler Konservativen in der Ära Taafe, in: Mitteilungen des Österreichischen Staatsarchivs 29, 1976, 258-314; R. Schober, Politischer Katholizismus am Fallbeispiel Deutschtirols, in: Studi Trentini 72, 1993, 601-621. Zu den Auseinandersetzungen zwischen Konservativen und Christlichsozialen in Österreich siehe F. Funder, Vom Gestern ins Heute. Aus dem Kaiserreich in die Republik, Wien 1952.
104 R. Schober, Theodor Freiherr von Kathrein (1842-1926), Landeshauptmann von Tirol. Briefe und Dokumente zur katholisch-konservativen Politik um die Jahrhundertwende (Veröffentlichungen des Tiroler Landesarchivs 7), Innsbruck 1992.
105 Sparber, Geschichte, 201.
106 Egarter, Tirols Herz-Jesu-Bund, 49-57; vgl. dazu auch Pallaver, Im Schmollwinkel, 171.
107 Zu Geisler siehe J. Gelmi, Geisler, Johannes (1882-1952), in: Gatz (Hg.), Die Bischöfe der deutschsprachigen Länder, 237-239.
108 O. Parteli, Südtirol (1918 bis 1970), (Geschichte des Landes Tirol, Bd. 4/1), Bozen-Wien-Innsbruck 1988, 443 f.
109 An die Hochw. fb. Dekanalämter der Diözese Brixen, Archiv des Brixner Priesterseminars (= ABP), Pompanin-Nachlaß, Mappe Südtiroler Kirche und Ende des Zweiten Weltkrieges (= PN MSKEZW).
110 Schreiben Amonns u. Raffeiners an das Ordinariat v. 23. 2. 1946, ABP PN MSKEZW.
111 Schreiben Pompanins an Raffeiner v. 24. 2. 1946, ABP PN MSKEZW.
112 Abschrift des Schreibens Kögls vom 24. 4. 1946, ABP PN MSKEZW.
113 Schreiben Ludwigs vom Johanneum in Dorf Tirol an Pompanin in Brixen v. 14. Mai 1946, ABP PN MSKEZW.
114 Brief Pompanins v. 20. 6. 1946 an Ludwig, ABP PN MSKEZW.
115 Die großen Bittwallfahrten in Nordtirol, Volksbote v. 18. 4. 1946. An der Kundgebung nahm auch der Salzburger Erzbischof teil. Fürstbischof von Salzburg unter den Wallfahrern von Maria Stein, Volksbote v. 18. 4. 1946. Der Salzburger Erzbischof A. Rohracher richtete am 18. 6. 1946 auch ein Schreiben an den irischen Ministerpräsidenten, Steininger, Los von Rom? 279-281. An den oben genannten Wallfahrten beteiligten sich besonders die Umsiedler aus Südtirol, ebd. Zu diesen Kundgebungen siehe auch F. Ermacora, Südtirol und das Vaterland Österreich, Wien-München 1984, 47; Steininger, Los von Rom? 58.
116 Das mittlere Eisacktal in Säben, Volksbote v. 18. 4. 1946.
117 Das Hochpustertal in Aufkirchen, Volksbote v. 18. 4. 1946.
118 Buß-und Bittwallfahrten, Volksbote v. 18. 4. 1946.
119 Kassian-Sonntag in Brixen, Volksbote v. 5. (?) 5. 1946.
120 Zu Kögl siehe Gelmi, Kirchengeschichte, 245, 266, 274, 281, 299, 301.
121 Gedanken zur Herz-Jesu-Jubelfeier (1796-1946), in: Folium Dioecesanum Tridentinum 15, 1946, 271-294. Diese Gedanken des Trienter Diözesanblattes, die den Bund betreffen, hat auch Anselm Sparber übernommen, der 1946 einen Beitrag veröffentlichte. Nach Sparber kann man von einem stillschweigenden Bund sprechen. So wurde auch das Gelübde vielfach aufgefaßt. Das Land versprach, das Herz Jesu in besonderer Weise zu verehren, dafür hoffte man auf Gottes Hilfe und Schutz, Sparber, Geschichte, 199 f.; vgl. zu diesem »do ut des«-Verhältnis auch Pallaver, Im Schmollwinkel, 168; siehe auch Coreth, Liebe ohne Maß, 179; Kolb, Das Tiroler Volk, 109; Dörrer, Hochreligion, 71 f. Zum Begriff »Bund« mit dem Herzen Jesu scheint es nach 1848 gekommen zu sein, wobei allerdings auch schon der Brixner Fürstbischof Lodron in einem Schreiben vom 27. August 1796 von einem »Verband« mit dem göttlichen Herzen spricht. Sparber, Geschichte, 202; vgl. dazu auch Pallaver, Im Schmollwinkel, 171, wonach der Vertragsbruch mit dem Herzen Jesu durch die »offizielle Bundeserneuerung saniert« wurde. Zu den Gedächtnisfeiern, die 1946 im ganzen Lande stattfanden, siehe auch Gamper, Südtirol im Jubeljahr.
122 Der Treueschwur der Tiroler Jugend, Katholisches Sonntagsblatt v. 4. 8. 1946.
123 Zur 150-Jahr-Feier des Herz-Jesu-Bundes, Volksbote v. 4. 7. 1946.
124 Gamper, Südtirol im Jubeljahr, 54-59.
125 Sparber, Geschichte, 202. Vgl. dazu auch Pallaver, Im Schmollwinkel, 171, wonach der Vertragsbruch mit dem Herzen Jesu durch die »offizielle Bundeserneuerung saniert« wurde. Zu den Gedächtnisfeiern, die 1946 im ganzen Lande stattfanden, siehe auch Gamper, Südtirol im Jubeljahr.
126 Folium Diocesanum Tridentinum 16, 1946, 311.
127 Folium Diocesanum Tridentinum 16, 1946, 309.

128 H. Huber, Zwei Herz-Jesu-Bilder, in: W. Kunzenmann, Tirol Erbe und Auftrag, 54; E. Klitzner, Theresienkirche mit Weiler-Fresko wird renoviert, Kurier v. 7. 7. 1984.
129 Dolomiten v. 18. 6. 1966.
130 Klitzner, Theresienkirche.
131 H. Seidl, Die Reaktion auf neu entstandene Kunstwerke. Eine sozialpsychologische Analyse der schriftlichen Stellungsnahmen zu drei kirchlichen Werken. Dissertation, Innsbruck 1968. Literatur zum Herz-Jesu-Zyklus von Max Weiler siehe bei Marzari, Dokumentation, 73 f.
132 Zu Gargitter siehe J. Innerhofer, Die Kirche in Südtirol, Bozen 1982, 340-394; Gelmi, Die Brixner Bischöfe, 284-293; ders., 25 Jahre Diözese Bozen-Brixen, in: Der Schlern 63, 1989, 683-695; ders., Die Kirche Tirols seit 1918, in: A. Pelinka-A. Maislinger (Hg.), Handbuch zur Neueren Geschichte Tirols, Bd. 2, Innsbruck, 1993, 461-463.
133 Zu Gamper siehe W. Marzari, Kanonikus Michael Gamper. Ein Kämpfer für Glaube und Heimat gegen Faschistenbeil und Hakenkreuz in Südtirol, Wien 1974.
134 H. Mayr, »... Bis zur äußersten Konsequenz«, in: E. Baumgartner – H. Mayr – G. Mumelter, Feuernacht. Südtirols Bombenjahre, Bozen 1992, 117 f.; Gamper brandmarkte schon früh die Regionalautonomie als Betrug. Mit diesem Verhalten zog er sich den Zorn des Brixner Bischofs zu, ebd. 118. Zum Schlagwort vom Todesmarsch vgl. auch Parteli, Südtirol, 502 f.
135 F. v. Walther, Journalismus mit Anteilnahme, in: E. Baumgartner – H. Mayr – G. Mumelter, Feuernacht, 158. Von Kanonikus Gamper stammt auch der in einem BAS-Flugblatt zur Feuernacht zitierte Satz: »Ein Volk, das um nichts anderes kämpft, als um sein natürliches Recht, wird den Herrgott zum Bundesgenossen haben!«, Mayr, »... Bis zur äußersten Konsequenz«, 121. Vgl. dazu auch J. Fontana, Ohne Anschläge keine Neunzehnerkommission, ohne Neunzehnerkommission kein Paket?, in: E. Baumgartner – H. Mayr – G. Mumelter, Feuernacht. 141.
136 E. Baumgartner – H. Mayr, Feuernacht, in: E. Baumgartner – H. Mayr, G. Mumelter, Feuernacht, 39-55.
137 Fontana, Ohne Anschläge keine Neunzehnerkommission, 144.
138 Mayr, »... Bis zur äußersten Konsequenz«, 119 u. 130.
139 Mayr, »... Bis zur äußersten Konsequenz«, 130. Siehe zu Sepp Kerschbaumer und Herz Jesu auch ebd. 136.
140 Vgl. dazu M. Mahlknecht, Herz-Jesu-Geläute, FF, Die Südtiroler Illustrierte v. 7. 1. 1995.
141 Herz zwischen Mystik und Politik, Symposion widmet sich der Herz-Jesu-Symbolik / Tirols Gelöbnis vor 200 Jahren, Dolomiten v. 22. 5. 1995.
142 Herz Jesu, Kirchenzeitung der Diözese Innsbruck v. 14. 5. 1995.
143 M. Mitterhofer, Protokoll der Dekanekonferenz am Dienstag, 22. November 1994, im Propsteisaal in Bozen, in: Folium Dioecesanum Bauzanense-Brixinense 2, 1995, 185 f.; J. Knapp, G. Pedrotti, M. Mitterhofer, Protokoll der Dekanekonferenz am 14. März 1995 im Propsteisaal in Bozen, in: Folium Dioecesanum Bauzanense-Brixinense 6, 1995, 354 f.
144 Herz Jesu mehr als ein Feuer, Dolomiten v. 23. 6. 1995.
145 W. Egger, »Bei dir ist die Quelle des Lebens«, Hirtenbrief zur 200-Jahr-Feier des Herz-Jesu-Gelöbnisses, in: Folium Dioecesanum Bauzanense-Brixinense 7-8, 1995, 377-383. Pressekonferenz wie Hirtenbrief wurden von der »Union« scharf kritisiert, die betonte, der Bischof unterstelle allen jenen Unfriedenstiftung, »die nicht nur, aber auch aus dem Tiroler Selbstverständnis heraus, eben auch gestützt auf die Tradition, die Herz-Jesu-Feier begehen«, Dolomiten v. 31. 7. 1995.
146 H. Rahner, Gedanken zur biblischen Begründung der Herz-Jesu-Verehrung, in: Stierli (Hg.), Cor Salvatoris, 44 f. Vgl. dazu auch die Enzyklika Pius XII. »Haurietis aquas«, Nr. 54.
147 F. Prenner, »Herz-Jesu-Fest ohne Pulverdampf und patriotische Begeisterung«, Katholisches Sonntagsblatt v. 12. 6. 1994.
148 Zu den Überlegungen zur 200-Jahr-Feier des Herz-Jesu-Gelöbnisses vgl. Protokoll der Dekanekonferenz, in: Folium Dioecesanum Bauzanense-Brixinense 2, 1995, 185 f.
149 Vgl. dazu G. Larcher in seinem Eröffnungsreferat beim Symposion im Mai 1995 in Innsbruck, mit dem Titel »Herz-Jesu-Hypothek und Chancen einer Symbolik zwischen Mystik und Politik«, Herz zwischen Mystik und Politik, Dolomiten v. 22. 5. 1995.

*Wer siegt, dem werde ich zu essen geben vom Baum des Lebens (Offb 2,7).
Gregorsmesse, Holzschnitt von Israhel van Meckenem, 15. Jahrhundert.*

Christusbild mit Herz
Zur Darstellung des Herzens Jesu in der Tiroler Kunst

von Leo Andergassen

Ikonographisch gesehen besetzt das Herz-Jesu-Bild nur e i n e n Typus im vielfältigen Christusbild. Die Darstellung des Herzens Jesu avancierte nicht nur lokal im 19. Jahrhundert zum Christusbild par excellence. Sie ist jedoch keine Tiroler Erfindung. Die mystischen Wurzeln der Herz-Jesu-Verehrung liegen in Mitteldeutschland. Erst im Hochbarock faßt die Verehrung des Herzens Jesu in Anschluß an die Visionen der hl. Margareta Maria Alacoque in Frankreich Fuß und strahlt von dort in die katholisch verbliebenen Länder über. Der vorliegende Beitrag geht der typologischen Entwicklung der Herz-Jesu-Darstellung in Tirol nach. Erst der Blick auf die Bildgenese, deren Rezeption gewiß vor jener mystischer Textgrundlagen und Andachtstexten liegt, begünstigt die objektive Sicht auf ein Bildmotiv, dem als theologischer Kern feste Aussagen der Christologie zugrunde liegen, das aber im Wandel der Jahrhunderte gerade durch die rege Beteiligung der Volkskunst immer wieder zu einer neuen Formensprache gefunden hat. Inhaltlich gehen die Herz-Jesu-Darstellungen auf verschiedene Quellen zurück: auf Bibelstellen, die Texte der Kirchenväter, auf Visionsberichte, Legenden und Erzählungen.

Zur Darstellung des Herzens Jesu in den Passionsdarstellungen in Mittelalter und früher Neuzeit

Im Hochmittelalter stehen die für die Herz-Jesu-Verehrung in Beschlag zu nehmenden bildlichen Darstellungen im Zusammenhang der Thematik von Passion und Erlösungstod. Relevante Szenen aus der Heilsgeschichte, die mit der Sichtbarmachung der Seitenwunde Christi in Zusammenhang zu bringen sind, erschöpfen sich in der Darstellung der Öffnung der Seite, in der Grablegung und dem nicht vor dem 13. Jahrhundert auftretenden Andachtsbild des Schmerzensmannes. Hingewiesen sei auf die älteste Kreuzigungsdarstellung in der Monumentalmalerei Tirols an der Burgkapelle von Hocheppan (um 1180/1200) und auf die Szene der Kreuzabnahme am Kapellenportal von Schloß Tirol von 1140. An letzterem bringt der einen Pfeil in Richtung Christi Herz abschießende Kentaur eine Interpretation des Geschehnisses: Die sündige Welt bleibt für den Opfertod verantwortlich. Den Lanzenstoß vollzieht in Hocheppan Longinus, einer der »*Geheilten Christi*«. Im späteren Mittelalter häufen sich die Darstellungen, bei denen in wundertätiger Weise dem blinden Longinus das Augenlicht wiedergegeben wird (apokryphe Evangelienliteratur als Quelle): Mit der einen Hand stößt er in Christi Seite, die linke verweist auf die noch geschlossenen Augen. In zeitliche Nähe zu Hermann Josephs

Herz-Jesu-Lied »*Summi regis cor aveto*« kann keine bildliche Darstellung des Herz-Jesu-Motivs gebracht werden.

Innerhalb des breiten Spektrums spätmittelalterlicher Passionsdarstellungen sind für unseren Themenbereich der Schmerzensmann als solcher und die isolierte Darstellung der Arma Christi, der Leidenswerkzeuge, herauszugreifen. Am Anfang der bildlichen Darstellung stehen das Crucifix, der Schmerzensmann und der Grablieger mit einer betonten Herzwunde. In die Aushöhlung am Brustkorb konnten Zettelchen mit Gebeten und Wünschen geschoben werden, wie es für den um 1400 geschaffenen Grablieger im Brixner Diözesanmuseum bezeugt ist.

Geradezu als Paradebeispiel für den sichtbaren Nachweis der Herz-Jesu-Verehrung im Spätmittelalter wurde das Wandbild in St. Johann in Mellaun ob Brixen zitiert. Es ist jedoch evident, daß die Darstellung als Jüngstes Gericht zu benennen ist. Das Bilddetail, das für den Verehrungsnachweis in Beschlag genommen wird und wurde, ist in Zusammenhang mit der Verehrung der fünf Wunden Christi und der Leidenswerkzeuge zu sehen. Letztere sind Beweisstücke und Majestätssymbole für den Erlösungstod Christi am Kreuz. Den Gerichtsdarstellungen an den französischen Kathedralen ist es eigen, Christus in der »*ostentatio vulnerum*«, im Vorzeigen der Wundmale, zu zeigen. Freilich können diverse Andachtsdrucke mit den abgebildeten fünf Wunden oder dem vom Speer durchdrungenen Herzen hier genannt werden, die ohne Zweifel mit dem Mellauner Fresko in Verbindung stehen. Am Kanonblatt eines Augustinermissales von 1436 in Köln tritt das mit der Lanzenwunde gezeichnete Herz vor den Kreuzesbalken, umgeben von den Arma Christi. Eine konzeptuelle Einflußnahme der Augustinerchorherren von Neustift auf das Wandbild in der Johanneskirche von Mellaun läßt sich zwar nicht belegen, gewinnt aber gerade durch die genannte typologische Parallele an Relevanz. Die überzeichnete Deutung spätmittelalterlicher Fünf-Wunden-Bilder als Nachweis für eine Verehrung des Herzens Jesu ist ebenso am »*Lumen animae*« zu bemerken, einer Handschrift des Brixner Bischofs Ulrich Putsch, die er zuvor als Pfarrherr in Tirol verfaßte.

Auf die Herz-Jesu-Thematik bezieht sich – was bisher übersehen wurde – das Fresko mit dem von den Leidenswerkzeugen umgebenen Schmerzensmann im Bozner Franziskanerkreuzgang. Die Komposition der um den Schmerzensmann angeordneten Waffen Christi folgt (mit Ausnahme des Kelches) einem Holzschnitt von 1380. Als theoretische Grundlage sind franziskanische Quellen wie Bonaventuras Schrift »*Vitis mystica*« heranzuziehen, die nicht nur für die Entwicklung des Astkreuzes von Belang ist, sondern sozusagen das innere Geheimnis des Herzens Christi zu ergründen suchte, die Dimension der Inwendigkeit. Der Franziskaner Ubertino da Casale spricht von der Liebesflamme aus Christi Seitenwunde. Als Attribut ist das Herz mit den darin eingeschlossenen Leidenswerkzeugen der Klarissin Angela da Foligno beigegeben. Das im Herzen eingeschlossene Passionskind ist gleichsam Thema in diversen spätmittelalterlichen Holzschnitten.

Daß die Verehrung des Herzens – wie bereits aufgezeigt – im Spätmittelalter eng mit jener der fünf Wunden Christi verknüpft ist, läßt sich am augenfälligsten an den

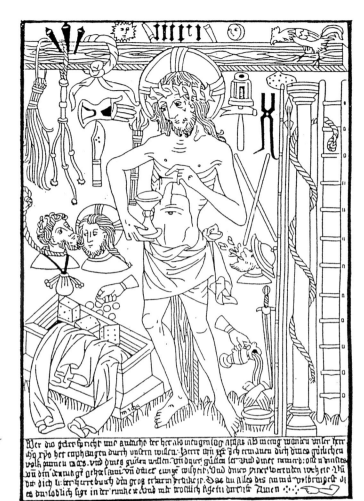

Allen, die ihn sahen, wurde der Schmerz seines Herzens offenbar (2 Makk 3,17).
Schmerzensmann umgeben von den Leidenswerkzeugen.
Einblattholzschnitt, um 1380.

hochgotischen Kreuzigungsdarstellungen belegen. Die Betonung der Herzwunde mittels einer reichen Bluttraube rückt Hand- und Fußwunden in den Hintergrund. Mittelalterliche Beispiele zählen an der Herzwunde entweder fünf oder sieben Blutstropfen. Vor allem in der Brixner Kunst um 1460 dominiert an den Kreuzigungsdarstellungen der Moment des Lanzenstiches. Eine konzeptuelle und theologische Einflußnahme durch Fürstbischof Nikolaus Cusanus ist zwar nicht auszuschließen, wegen der allgemeinen Streuung der Motive jedoch schwer belegbar. Deutlich wird dies bei einer Betrachtung der beiden aus Brixen stammenden Kreuzigungsdarstellungen von Meister Leonhard im Tiroler Landesmuseum. Die Öffnung der Seite ist als Höhepunkt der Passion an der Jakob von Seckau zugewiesenen Altartafel – sie stammt aus Brixner Kirchenbesitz – im Freisinger Diözesanmuseum (um 1450) illustriert. An einer Standarte sind die Buchstaben SPQB (Senatus PopulusQue Brixinense) angeschrieben, die also die Brixner Bürger selbst am Herrentod beteiligt wissen wollen. Das Motiv der Blutströme, die aus den Wunden Christi fließen, ist deutlich am Kreuzigungsfresko von St. Georg bei Schenna dargestellt. Von Gertraud von Helfta († 1301/02) wird berichtet: »*Als sie so tat, begannen aus den fünf Wunden in mächtigem Schwall fünf Bäche der Gnade und des Heils hervorzubrechen; sie ergossen sich über und durch die gesamte Kirche und reinigten diese von allen Makeln der Sünde.*« In St. Helena bei Deutschnofen zeigt der apokalyptische Christus, der attributiv dem Evangelisten Johannes beigestellt ist, die Wundmale, darunter auch die bluttriefende Herzwunde. Das Fresko ist 1409 von einer Bozner Malerwerkstatt ausgeführt worden. Seit dem späten 14. Jahrhundert weist der Pantokrator in den Apsiden die Herzwunde auf.

Weniger als veristische Abbildung, vielmehr als reliquienhafte »wahre leng« der Seitenwunde kamen noch Ende des 17. Jahrhunderts bei Johann Philipp Steudner in Augsburg Drucke auf den Markt, an denen die Seitenwunde, ein hl. Nagel und die Schulterwunde verehrt wurden. Die beigegebenen empfindsamen Gebetstexte sprechen vom »*gütigen Pelican*« und von der »*honigsüssesten Seyten*« und dem »*übersüssesten Hertzen*« (GNM, Inv. Nr. 24492/1199; Abb. in Hofmann, 262).

An den Speerbildchen bleibt das Herz durch die es durchstoßende Lanze betont. 1353 wurde das Fest der Arma Christi durch Papst Innocenz VI. für Karl IV. bewilligt und für den Freitag nach der Osteroktav festgelegt. Von Hans Burgkmair d. Ä. ist ein Holzschnitt mit den fünf Wunden Christi aus dem »*devotissime meditationes de vita, beneficiis et passione salvatoris nostris Jesu Chri(sti) c(um) gratiar(um) actione*« bekannt: Das stark blutende Herz umgeben die vier Wundmale an Händen und Füßen. Die im Spätmittelalter mit der Passionsfrömmigkeit verwachsene kryptische Herz-Jesu-Darstellung wird vor allem in den symbolischen Figurenarrangements deutlich, die die Passion Christi in den auf einen Wappenschild gebrachten Arma Christi zusammenfassen, der bei Israhel van Meckenem und dem Meister E. S. vom Auferstandenen, der Dolorosa und den Evangelistensymbolen gehalten wird. Die beiden spätgotischen Taufsteine in der Pfarrkirche von Hall tragen eine bisher kaum gewürdigte interessante Herz-Jesu-Ikonographie. An einem hält ein Engel einen Wappenschild mit dem vom Kreuz überragten wundlosen Herzen, am zweiten ist dasselbe Motiv in einen achtteiligen Arma-Christi-Zyklus eingebettet. In der Geisteshaltung sind diese Haller Wappenschilde eng mit den oben aufgezeigten verwandt.

Bei Darstellungen der Engelspietà weist Christus häufig auf seine blutende Herzwunde, so an einem Wiener Holzschnitt des Israhel van Meckenem (bei Schongauer ist es Maria, die auf die Wunde zeigt). Der Fingerzeig auf die Herzwunde beim Typus des in der Grabkuve stehenden Schmerzensmannes wurde in den lokalen Plastiken und Fresken selten übernommen (Schmerzensmann in der Haller Pfarrkirche und in der Brixner Johanneskapelle).

Der vorreformatorische Holzschnitt Cranachs von 1505 mit dem von vier Engeln gehaltenen Wappenschild mit dem in das Herz eingeschlossenen Kruzifix, das von

*Alles im Himmel und auf Erden wollte er zu Christus führen, der Friede gestiftet hat
am Kreuz durch sein Blut (Kol 1,20).
Kreuzigung Christi mit Lanzenstich, Tafelbild von Meister Leonhard von Brixen, um 1470.
Tiroler Landesmuseum Innsbruck.*

*Das ist mein Leib ... das ist mein Blut, das Blut des Bundes,
das für viele vergossen wird zur Vergebung der Sünden (Mt 26,26 ff).
Papst Gregor erlebt während der Meßfeier die Erscheinung des Schmerzensmannes.
Holzschnitt von Israhel van Meckenem.*

*Seht das Lamm Gottes, das die Sünde der Welt hinwegnimmt (Joh 1,29).
Gregorsmesse. Tafelbild von Simon von Taisten, um 1490. Tiroler Landesmuseum, Innsbruck.*

Aber er hat unsere Krankheit getragen und unsere Schmerzen auf sich geladen (Jes 53,4).
Der Schmerzensmann fängt mit dem Kelch sein Herzblut auf. Holzplastik aus dem späten 15. Jahrhundert.
Tiroler Volkskunstmuseum, Innsbruck.

Ich verwandle ihre Trauer in Jubel (Jer 31,13).
Schmerzensmann in der Grabkuve stehend. Dahinter die Werkzeuge der Passion. Holzschnitt von Israhel van Meckenem.

Maria, Johannes Ev. und den beiden Pestpatronen verehrt wird, hat in der Monumentalmalerei keine Umsetzung gefunden. Das Thema schließt jedoch an den Typus der Intercessio an, der Fürbitte Mariens und Christus bei Gottvater: Der Schmerzensmann weist auf seine Wunden, Maria auf ihre Brust, die den Sohn Gottes genährt. Reste einer solchen Intercessio finden sich in St. Peter in Gratsch.

Die Christus-Thomas-Begegnung im Abendmahlssaal weist hin auf die geöffnete Seite (Joh 20, 24–29). Als szenisches Bild begegnet der Thomaszweifel in ausgedehnten Passionszyklen. Die umfangreichste Herrenpassion der Hochgotik schmückt die Langhauswände von St. Valentin bei Tramin. Dort schließt die Thomasbegebenheit an die Begegnung Christi als Gärtner mit Magdalena. Erscheinungsbilder gewinnen gerade im frühen 15. Jahrhundert an Bedeutung, angeregt durch die Meditationen des Pseudo-Bonaventura. In einen engeren Bezug zur Herz-Jesu-Verehrung tritt der hl. Thomas erst im Spätbarock. Am rechten Seitenaltar in der Thomaspfarrkirche von Tulfes wendet sich das Herz Jesu neben Maria und dem hl. Thomas den armen Seelen zu. Am Deckengemälde verehren Maria mit ihren Eltern sowie der Kirchenpatron zusammen mit Jakobus und den Wetterherren das in einen Strahlenkranz gefügte Herz Jesu, dem zwei Putten die brennenden Herzen der Tulferer zuführen. Der das Herz Jesu verehrende Apostel tritt im volkskundlichen Bereich an einem Kasten im Tiroler Volkskunstmuseum auf (Ölbild von Josef Giner, dat. 1791).

Das Herzattribut in der Heiligenikonographie spricht für eine bevorzugte Verehrung des Herzens Christi in erster Linie in einem mystischen Erfahrungsraum. Der hl. Augustinus mit dem vom Liebespfeil durchbohrten Herzen ist hauptsächlich in den nach seiner Regel hin ausgerichteten Ordensgemeinschaften präsent. Für die Kreuzesvision des hl. Bernhard von Clairvaux gibt es keinerlei mittelalterliche Bildzeugnisse in Tirol, wenn auch die Druckgraphik Anlaß zu Replikationen geboten hätte (Einblattschnitt in der Albertina). Mehrere stammen jedoch aus dem Barock, so in Stams und an den Deckenmalereien von Joseph Wengenmayr in der Georgenkirche von Obermais (dem Zisterzienserorden inkorporiert). Verbreitet war die von Bernhard initiierte Verehrung der Schulterwunde Christi (Votivbild im Innichner Stiftsmuseum). Lukas Cranach zeigt Bernhard im Gebet vor dem auf der Grabtumba sitzenden Schmerzensmann, attributiv ist das durchbohrte Herz beigegeben. Gertrud die Große ist in der Pfarrkirche von Mühlwald als Herz-Jesu-Verehrerin vorgestellt. Die Mystik der Heiligen wurde im 16. Jahrhundert von den Kölner Kartäusern aufgegriffen. Die Dominikanermystik um Albert d. Großen, Ekkehard, Tauler und Heinrich Seuse betrachtet vorwiegend das Blut Christi und das Herz als Ruhestätte. Von Katharina von Siena wird berichtet, sie hätte visionär mit Jesus das Herz getauscht. Der Holzschnitt des Israhel van Meckenem gibt ihr attributiv neben dem Kruzifix ein Herz in die Hand. Die Katharinenstatue aus einer Rosenkranzgruppe in Reinswald hält ebenso das Herzattribut in der Linken, das weiters an der Darstellung in der Gnadenkapelle an der Bozner Pfarrkirche zu finden ist. Das Herz gehörte zur geläufigen Ikonographie der Sieneser Heiligen im Barock. In »*Die Heiligen der Sipp-, Mag- und Schwägerschaft des Kaisers Maximilian I.*« findet sich die vor einer Klosterfront stehende hl. Erentrudis, der als Attribut das blutende und brennende Herz Jesu beigegeben ist, aus dem der Crucifixus hochragt. Bei den heiligen Amalberga II und Amalberga III ist das Fünf-Wunden-Motiv beigegeben.

Gerade in der Frühzeit der Herz-Jesu-Verehrung kann man deutliche Parallelen zur gleichzeitig erstarkten Marienverehrung ziehen. J. Held sieht gerade im 13. und 14. Jahrhundert Maria als die Identifikationsfigur der Machtlosen (vgl. J. Held, 41). Tugenden wie Armut, Demut, Gehorsam und Liebe werden auf sie übertragen. Diese Eigenschaften werden ebenso auf Christus projiziert, so daß eine auffällige Feminisierung Christi festzustellen ist. Es ist dies ein Zug, der vor allem dann in den spätbarocken Herz-Jesu-Darstellungen hervorgehoben wird.

Noch vor den Visionen der Margareta Maria Alacoque sind eine Reihe vor allem geschnitzter Passionsbildnisse in dem Zusammenhang der Verehrung der Seiten-

Ich lege mein Gesetz in sie hinein und schreibe es auf ihr Herz (Jer 31,33).
Herz-Jesu-Altärchen mit den Heiligen Elisabeth von Thüringen und Ludwig IX. von Frankreich
(Drittordensheilige). Von Valentin Gallmetzer in Klausen, um 1910. Stift Muri-Gries.

wunde, des Herzens und der Wunden Christi zu nennen. Die stehende Christusfigur, die sein Blut in einen Kelch vergießt, bleibt in den Bildtypen der Gregorsmesse und der Mystischen Kelter vorgebildet. Das Schnitzwerk im Tiroler Volkskunstmuseum aus dem späten 15. Jahrhundert referiert in der überdimensioniert gegebenen Dornenkrone formale Elemente der Zeit um 1400, der Faltenwurf ist stilistisch nicht vor 1460 einzuordnen. In St. Leonhard in Bärnstatt bei Scheffau vergießt der Schmerzensmann sein Blut in eine Schüssel.

Der in Innsbruck stationierte Kapuzinerbruder Tomaso da Olera brachte die in der Ordenstradition wurzelnde Herz-Jesu-Verehrung nach Österreich. Die Verehrung des Herzens Jesu durch Petrus Canisius hat in Tirol keinerlei Bildzeugnisse hinterlassen. Visionär schaute er am Tage seiner Ordensprofeß das Herz Christi als Quelle des Erbarmens. In der kleinen Ortskirche von Verschneid am Tschögglberg findet sich die Darstellung des Canisius am Langhausfenster, während an den Flügelaußenseiten des Altars die Erscheinung an Margareta Maria Alacoque sichtbar wird. Johann Baptist Oberkofler entwarf die Fenster für St. Jakob in Defreggen, wo der Erscheinung an Margareta Maria Alacoque jene von Lourdes entgegengesetzt ist. An einem Herz-Jesu-Altärchen von Valentin Gallmetzer im Kloster Muri-Gries flankieren die Heiligen Elisabeth von Thüringen und Ludwig IX. von Frankreich (mit der Dornenkrone, beide sind Patrone des III. Ordens) das Hauptbild, an den Flügelaußenseiten ist die Erscheinung von Paray-le-Monial angemalt. Das Herz Jesu erscheint vor der ausgesetzten Monstranz (an Monstranzvorhängen ist häufig das Herz Jesu als Symbol angebracht).

Der Einfluß der Visionen der hl. Margareta Maria Alacoque auf die Herz-Jesu-Darstellung

Im frühen Barock wurde die Herz-Jesu-Verehrung in der Hauptsache von den Jesuiten gefördert, zumeist im Zusammenhang mit der Betreuung von Todesangstbruderschaften (1667 erschienen diesbezüglich Predigten von P. Georg Hoffmann SJ). Die im bayerischen Raum häufige Bildkombination Ölberg – Herz-Jesu ist in Tirol jedoch unbekannt. Zu den frühesten barocken Herz-Jesu-Motiven zählen die mit IHS und dem Marienmonogramm beschrifteten geflügelten Herzen an der Stuckdecke der Haller Jesuitenkirche. Die vier Herzen im Sanktuarium beziehen sich ausschließlich auf die Jesusliebe, im Langhaus ist jeweils dem Herzen Jesu das Herz Mariä gegenübergestellt. Das geflügelte Herz wurde zum Attribut des hl. Kajetan von Thiene (Kapelle in Kastelruth). Das symbolische Herz Mariä, das allerdings noch dem Typus der Dolorosa entnommen ist, trifft man mehrfach in der Innsbrucker Jesuitenkirche als Motiv an den Beichtstuhlaufsätzen, an der Kanzel und an der Stuckdecke. Im süddeutschen Raum waren es vor allem die Miesbacher und die Wessobrunner Stukkatorenschule, die derlei Embleme verbreiteten.

Einen eigenständigen Typus bildet der sog. »Brünnlchristus« (Fons vitae): Der das Kreuz haltende Auferstandene weist mit der Linken auf sein Herz, aus dem Wasser fließt. Die Figur des Auferstandenen folgt zumeist dem Vorbild Michelangelos in S. Maria sopra Minerva in Rom. Die eleganteste Form hat der »Brünnlchristus« in der Kapelle am Bozner Kalvarienberg gefunden. In den volkstümlichen Bereich sind die Plastiken von Schwaz und Kaltenbrunn zu reihen. Vorbereitet wurde das Bild des Brunnenchristus in der italienischen Gotik. Brückenfunktion kommt der Andachtsgraphik der beginnenden Gegenreformation zu. So läßt H. Goltzius in seinem Kupferstichwerk mit allegorischen Darstellungen zum Leben Jesu den Puer Jesus auf einem Brunnenrand sitzen, aus der Brust des Kindes strömt Wasser in das Becken. Die weibliche Allegorie der Gloria Christi krönt das Kind, die Veritas weist darauf hin, die Gratia Dei schöpft Wasser aus dem Brunnen. Die enge Bindung an den Fünf-Wunden-Kult in Tirol und somit zur Herz-Jesu-Verehrung wird etwa an einer Bruderschaftsstange in Reith im Alpachtal deutlich (Abb. bei Pfaundler, 212), wo die Vorderseite der Fons vitae besetzt, der Gnadenbrunnen, die Rückseite hingegen die um das Herz sich scharenden Stigmata. Christustypen wie Schmerzensmann, Guter Hirte und Crucifixus treten im Bereich religiöser Volkskunst abwechselnd als Gnadenbrunnen auf.

Die barocke Emblematik verarbeitet das Herz-Motiv überaus vielschichtig. Kopien nach den Kupferstichen des Christoph a Sichem der »Pia desideria« des

*Mein Herz schlägt für ihn, ich muß mich seiner erbarmen (Jer 31,20).
Wie eine Reliquie ist das Symbol des Herzens Jesu in eine Hostiencustodia eingelassen. Titelkupfer des Bruderschaftsbüchleins der Bozner Herz-Jesu-Bruderschaft, 1712.
Bibliothek Ferdinandeum, Innsbruck.*

P. Hugo Hermann SJ finden sich an einer von Ludwig Plazer 1693 bemalten Holzdecke aus dem Ansitz Kreit in Eppan. Ein Nachklang barocker Emblematik im 19. Jahrhundert ist in einem bei Carl Rauch in Innsbruck verlegten Andachtsbildchen zu notieren, wo der auf einem Felsen hockende Christusknabe mit einer Fackel die vor ihm aufgestellten Herzen entzündet (Stahlstich von C. Mayer in Nürnberg). Die Beitexte erinnern an Matth 10,49: »*Ich bin durchdrungen von der Liebe. Ich bin gekommen das Feuer auf die Erde zu bringen, um die Herzen zu entzünden.*« (Slg. Tschol, 21). Das Christkind als Herzenfischer ist mit dem Text versehen: »*Er hat sich meiner erbarmet u(nd) mich aus dem Schlamm gezogen.*« (Slg. Tschol, 21). Diese vorwiegend in Paris erscheinenden Motive haben grundsätzlich die Beziehung der Pilgerseele zu Christus zum Bildthema, wenn dann auch im Detail immer wieder Bilder auftauchen, die in den mystischen Texten des frühen Barock grundgelegt sind: Jesus als Seelentröster, Jesus übergibt pilgernden Seelen das Kreuz mit dem applizierten Herzen, der Abendmahlschristus, der die Seele an sich drückt, der Crucifixus, dessen Herz mit dem der frommen Seele verkettet bleibt. Religiöse Herzemblematik im Barock blieb nicht nur auf Illustrationen in Andachtsbüchern beschränkt.

Einschneidende Veränderungen für das Herz-Jesu-Bild bringen die Visionen der hl. Margareta Maria Alacoque, die folgendes Bild zeichnen: Den Herzkörper umgibt die Dornenkrone, aus der Herzöffnung schlagen Feuerflammen, darüber ragt das leere Kreuz Christi hoch, die Beischrift »CHARITAS« erscheint im aufgeschnittenen Herzen, in das Blutstropfen und die drei Nägel eingebettet sind. Die ältesten Erscheinungsbilder treten in Tirol an den Bruderschaftszetteln auf, zuerst an jenem der Innsbrucker Ursulinenkirche, den Georg Müller aus Füssen 1705 gezeichnet hatte, später am Bozner Bruderschaftszettel, an dem die Cölestinerinnenkirche zu Maria Verkündigung in Gries als Bruderschaftsort aufscheint. Am Innsbrucker Blatt verehren über einer Darstellung des Ursulinenkonvents die hl. Ursula und der Kirchenvater Augustinus (selbst mit hochgestrecktem Herzen) das auf einem vom IHS überragten Thron ruhende Herz Jesu, hinter dem Thron schlagen Flammen hoch. Das in Bozen um 1712 gedruckte Bruderschaftsbüchlein mit einer kurzen Geschichte zu Verehrungsgenese und Bruderschaftsgründung unter Papst Clemens XI. trägt am Frontispiz den mit Akanthuslaub und sechs Puttenköpfen verzierten Thron mit dem Alacoqueschen Herzen. Von Interesse ist dabei, daß das Titelblatt selbst nach der Entstehung des Batoni- und Henrici-Typus nicht geändert wurde. Als 1852 die Herz-Jesu-Bruderschaft in der Bozner Kapuzinerkirche neu errichtet wurde, wurde am Bruderschaftsbüchlein auf eine Darstellung verzichtet. Der 1897 bei Felician Rauch gedruckte Aufnahmeschein der Innsbrucker Bruderschaft bringt hingegen das Bozner Henricibild inschriftlich umgeben von den neun Chören der Engel. In der Zunftkirche zum hl. Josef in Bichlbach sind über der Empore in rundem Stuckrahmen drei Herzen mit den entsprechenden Monogrammen gefügt (1711). Parallelen sind zum Chorgemälde zu ziehen, wo Christus als Erlöser mit Kreuz und Seitenwunde in die Trinität gefügt ist, darunter jedoch die Immakulata und Josef.

Zu den wenigen Bildzeugnissen, die für die Darstellung des Herzens Jesu in Tirol vor Batoni und Henrici von Relevanz sind, zählt weiters der 1761 bei Johann Caßian Krapf gedruckte Bruderschaftszettel von Obernberg bei Matrei: Das Throngebilde, wie es noch den älteren Darstellungen aneignet, ist verschwunden, das Herz ist in einen von zwei Putten und zwei Puttenköpfen begleiteten Rocaillerahmen eingebunden, darunter eine Kartusche mit dem Namenszug IESU, darüber ein Baldachin (FB 52905). Analogien sind zum Kupferstich des Christoph Anton Mayr am Diplom der Herz-Marien-Bruderschaft in Gries am Brenner von 1768 zu ziehen. In der Innsbrucker Ursulinenkirche erinnert lediglich das wohl von Albrecht von Felsburg entworfene Herz-Jesu-Mosaik an der Fassade an die einstige Verehrung. Der im neuen Kloster verwahrte Sakramentstabernakel in Tempiettoform (um 1750) zeigt an den bemalten Türen den Thron mit sieben brennenden

*Ich schenke euch ein neues Herz und lege einen neuen Geist in euch (Ez 36,26).
Der Passionschristus (mit Dornenkrone) weist auf sein Herz mit der Aufschrift »AMOR«. Um 1750/60.
Vinschgauer Privatbesitz.*

Nehmt mein Joch auf euch und lernt von mir; denn ich bin gütig und von Herzen demütig (Mt 11,29). Kupferstich von J. M. Stöckler in München, um 1740/50.

Herzen, die vom größeren Herz Jesu überragt werden, das vor einem drapierten Vorhang schwebt. Die Rosen zu Füßen des Thrones verweisen auf die Herrenpassion.

Zu den ersten symbolhaften Herz-Jesu-Darstellungen gehören die Schnitzgruppe beider Herzen am Altar der Bozner Nikolauskirche (sog. Alte Pfarrkirche), am Altar der Stiftskirche von Marienberg (heute Pfarrkirche in Schluderns) und jene an den Altarauszügen der Gleifkirche in St. Michael in Eppan. In der Mariä-Heimsuchungs-Kirche am Birkenberg von Telfs wurden die symbolischen Herzen Jesu und Mariä in Sockelnischen an den Seitenaltären um 1760 hinzugefügt (Neg. 6625). Es ist fraglich, ob die beiden Herzen am Kreuz- und Philipp-Neri-Altar im Innsbrucker Dom von 1731 nicht spätere Ergänzungen sind. An einer Vorsatztafel aus der Niederdorfer Magdalenenkirche sind beide symbolischen Herzen in einen Rocaillerahmen gefügt. In der Wallfahrtskirche von Riffian führte der Innsbrucker Maler Josef Strickner 1777 die von Putten begleiteten Herzen in den Seitenarmentonnen

Wer mein Jünger sein will, der verleugne sich selbst, nehme sein Kreuz auf sich und folge mir nach (Mk 8,34). Kreuzträger mit dem sichtbaren Herzen. Kolorierter Kupferstich von J. M. Stöckler in Klosterarbeit. 18. Jahrhundert. Tiroler Volkskunstmuseum, Innsbruck.

aus. 1749 ist die Deckenmalerei von Tschirland datiert, wo neben David sieben Engel dem hl. Kreuz musizieren, an dem die Wunden Christi angebracht sind, auch das von der Dornenkrone eingefaßte Herz.

Pompeo Batonis Herz-Jesu-Bilder in Rom und Innsbruck

Eine große Verbreitung fanden die Herz-Jesu-Darstellungen von Pompeo Girolamo Batoni (Lucca 1708 – Rom 1787). Batoni hatte sein Herz Jesu 1765 für das Profeßhaus der Gesellschaft Jesu ausgeführt. 1767 wurde es erstmals ausgestellt. Christus trägt ein rotes Gewand, über die rechte Schulter ist ein blauer Mantel geworfen. In der linken Hand hält er das mit der Dornenkrone umkränzte, aus zwei Öffnungen brennende Herz, das von einem kleinen Kreuzchen überfangen wird, die rechte weist auf das Herz und lädt ein zum Herzentausch.

Ein weiteres Bild war im Auftrag der Familie Altieri entstanden. Dieses hatte im Unterschied zu ersterem das Herz an der entblößten Brust in einen Strahlenkranz gebettet. Auf das Herz weist die rechte Hand hin, die linke rafft den Leibrock zur Seite. Für P. Angelo di Poggio Cinolfo malte Batoni Maria mit dem Herz-Jesu-Kind. In der Karmelitinnenkirche von Lissabon schuf er die Verehrung des Herzens Jesu durch die vier Erdteile. Batoni gehörte zu den von den Habsburgern geförderten Malern. Maria Theresia erhob ihn 1775 in den Adelsstand. 1769 hatte er Joseph II. in Rom porträtiert, als er mit seinem Bruder Leopold II., dem Großherzog der Toskana, zusammentraf.

Batonis Herz Jesu im römischen Il Gesù ist ohne die bildlichen Vorarbeiten etwa durch die Druckgraphik von H. Wierix nicht denkbar. Wierix brachte die Christusikonographie zu Beginn des 17. Jahrhunderts auf eine neue Stufe, auf der einerseits lebhaft das mittelalterliche Christusbild reflektiert, andererseits zugleich die Weichen gestellt werden für das mystische Christusbild des Barock. Das barocke »Andachtsbild« hat seinen Platz in druckgraphischen Werken. Wierix ist grundlegend einzuschätzen vor allem im Themenbereich, der Gottes Liebe zu den Sündern sichtbar macht. Christus als Guter Hirte, der sog. »Kreuzschlepper« in Aufforderung zur Nachfolge, Christus in der Intercessio, Christus als Lebensbrunnen und Christus in der Kelter. In der Tiroler Kunst hat der Gute Hirte seinen angestammten Platz an den Kanzelbrüstungen, selten an den Chorgestühlen, wie es das um 1906 geschaffene Relief in Muri-Gries zeigt, das den Guten Hirten mit dem Typus des Herzens Jesu augenfällig verbindet. Als spätbarocke Skulptur wird der Gute Hirte in Niederrasen am Guten-Hirten-Sonntag (2. Sonntag nach Ostern) auf den Altar gestellt, in Dorf Tirol tragen die Almhirten »ihren« Hirten in der Fronleichnamsprozession noch immer mit. Die Darstellung des Kelterchristus ist vornehmlich im volkstümlichen Ambiente lokalisiert: Das Relief am Chorgestühl in Gries verwendet den Kreuzesbalken als Torgglbaum, das aus Christi Seite fließende Blut fängt das Weinfaß auf.

Der psychologische Verismus bringt in das Antlitz Christi eine neue Dimension des Menschlichen, was – wie es Hermann Bauer (LCI, Bd. 1) sieht – in der Ekstatik des Ausdrucks zugleich die Gefahr einer Auflösung im Sentimentalen in sich birgt. Die strenge Trennung von Anthropomorph und Christomorph ist schon seit Dürer aufgehoben. Die Pseudoekstase mit dem gekünstelten Augenaufschlag, wie sie auf Batonis Herz-Jesu-Bild in Rom dargestellt ist, ist zuvor bei Guido Renis Dresdener Ecce Homo oder dessen Kruzifixus in Lucca sichtbar. Batoni spannt somit eine Klammer zur beginnenden Gegenreformation, die ihrerseits raffaeleske Entwicklungen der Hochrenaissance fruchtbar aufgegriffen hat. Laut Hartig ist Batonis Herz Jesu auf die Kupferstiche der Gebrüder Klauber zurückzuführen (Vgl. Hartig, 96). Das Christusbild mit dem sichbar gemachten Herzen steht geradezu diametral dem eschatologischen Bild des Christus in der Glorie gegenüber, es begegnet dem Betrachter nicht in der verallgemeinerten Masse, sondern in der einzelnen Seele, die er zum Herzenstausch ermutigt. An die Stelle des allgemeinen Anspruchs tritt der persönliche Blicktausch.

Mein Herz wendet sich gegen mich, mein Mitleid lodert auf (Hos 11,8).
Herz Jesu in Abwandlung des Batoni-Typus. Um 1770/80.
Pfarrkirche Sankt Johannes der Täufer in Toblach.

Nach diesen Worten zeigte er ihnen seine Hände und seine Seite (Joh 20,20). Vorsatztafel mit dem Herzen Jesu nach Girolamo Batoni. Um 1800. Jenesien, Pfarrkirche.

Die Innsbrucker Kopie wurde 1767 im Auftrag von Rektor P. Egg in Rom hergestellt und bekam am Ignatiusaltar der Jesuitenkirche ihren Platz. Kopie meint hier jedoch keine exakte Wiederholung. Unterschiede gibt es in der vertauschten Farbe des Gewandes, im Faltenwurf, in der Dichte des Haupthaares und des Bartes. Manches spricht dafür, daß ein Tiroler Maler in Rom die Kopie auszuführen hatte. Das Innsbrucker Bild öffnet den etwas nachdenklichen und traurigen Blick des römischen Urbildes, das an Tizians Zinsgroschen erinnert. Während in Rom die Lippen wie kurz vor dem Sprechansatz geformt sind, lächelt der Innsbrucker Herzträger.

Das Herz wurde in den rationalistischen Bestrebungen des Josephinismus um 1772 übermalt. Es ist wahrscheinlich, daß die Jesuiten, die sich in den 60er und 70er Jahren im Pustertal und im Etschtal auf Missionsreisen befanden, selbst eine Batoni-Kopie mit im Reisegepäck hatten, die dann feierlich in den Pfarrkirchen zur öffentli-

*Gott ist größer als unser Herz,
und er weiß alles (1 Joh 3,20).
Herz Jesu in Abwandlung der Vorlage
von Girolamo Batoni. Von Theres Striegl,
um 1860. Gratsch, Pfarrkirche.*

chen Verehrung aufgestellt werden konnte, um die Ablässe, die an der Verehrung des Bildes aufgehängt waren, zu gewinnen. Eine frühe Rezeption des Innsbrucker Kultbildes findet sich in den Kirchen von Absam und der Pfarrkirche von Hall. In der Pfarrkirche zum hl. Andreas in Rinn weist, angeregt durch das Batoni-Bild, Jesus mit der Rechten auf das Herz, die Linke bleibt auffordernd zum Betrachter gewandt. Demselben Typus haftet das Vorsatzbild in der Toblacher Pfarrkirche an, in Abwandlung jedoch der Handhaltung, die hier direkt zum Herzen weist. Weitere spätbarocke Batoni-Kopien besitzen die Kirchen von Polling und Wenns, von Schenna, Jenesien, St. Nikolaus und Mitterdorf in Kaltern. Die Batoni-Replik von St. Nikolaus wandelt das Vorbild dahingehend ab, als es die ausgestreckte Hand in eine Segenshand umformt. Von den beiden Vorsatzbildern in der Pfarrkirche von Jenesien folgt das Herz Jesu der Vorlage Batonis, das Herz Mariä hingegen jener Henricis in der Bozner Pfarrkirche. Die Kunst des 19. Jahrhunderts hat das römische

Herz-Jesu-Bild auf vielfältige Weise verändert. Als Beispiel sei das Vorsatzbild aus St. Peter in Gratsch zitiert, eine Arbeit von Theres Striegl um 1860. Dabei erinnern nur mehr Hand- und Kopfhaltung an Batoni, das Herz selbst ist auf die Brustmitte übertragen.

Karl Henricis Herz-Jesu-Bild in Bozen und seine Nachfolge

Der Formgelegenheit des hochovalen Vorsatzbildes folgend, wird Christus nur in Halbfigur gezeigt. Im Alter von 33 Jahren hält er sein hellrotes gegürtetes Gewand auseinander und präsentiert so sein vor einem Flammenkranz liegendes Herz, aus dessen Wunden weitere Flammen schlagen. Der blaue Mantel fällt über die Schultern ab. Um den Herzkörper ist die Dornenkrone gelegt, aus der Öffnung ragen wieder Flammen und ein kleines Kreuz. Das jugendliche Haupt ist leicht nach rechts geneigt, was der Kopfhaltung am Kreuz entspricht. Begleitet wird das Christusbild von drei Puttenköpfen, zwei davon schweben zur Rechten. Der Schlesier Johann Karl Henrici (Schweidnitz 1737 – Bozen 1823) dürfte das moderne Bild Batonis zwar gekannt haben, er greift jedoch auf einen älteren Typus zurück, der zugleich die Grundlage für die Batoni-Schöpfung gebildet hatte: das Herz-Jesu-Bild von Antal Schmid von 1742 im Wiener Stephansdom. Dieses folgte im Detail jedoch nicht den visionären Anordnungen Alacoques, da Dornenkrone und aufragendes Kreuz fehlen. Schmid hatte zuvor für die Hauskapelle des neuen Curhauses am Stephansplatz das Altarblatt der Marienverkündigung gemalt. Der geistliche Rat Matthias Heumann bezeugt die Ausstellung des Herz-Jesu-Bildes im selben Jahr. Im Vergleich zur Realisierung durch Henrici ist das Herz überdimensioniert an der Brust angebracht. Karl Henrici, der das Wiener Bild wohl noch über druckgraphische Vorlagen aus seiner schlesischen Heimat kannte, bringt die exakte seitenverkehrte Variante. Bei Henrici liegt das Herz auf der nackten Brust, was im 19. Jahrhundert durch einen päpstlichen Erlaß verboten wurde. Möglich ist gleichzeitig die Bildanregung aus dem süddeutschen Raum, wo Arbeiten von Stöckler, Jungwirth, Harrer, Baumgartner, Heissig und Josef Gleich, Holzmayr und Wieger bekannt sind (vgl. Hartig, 96). Die in Tirol als Henrici-Typus ausgewiesene Darstellung des Herzens Jesu ist demnach keine Erfindung des in Venedig geschulten Malers. Die Anregung zum Bozner Herz-Jesu-Bild dürfte von den Jesuiten ausgegangen sein. Ein dem Bozner Bild sehr nahe kommendes verwahrt die Pfarre Terlan; die rückseitige Datierung von 1770 läßt den Gedanken aufkommen, es wäre sogar dem Henrici-Bild vorangegangen. Eine exakte Chronologie der spätbarocken Herz-Jesu-Bilder ist schon deshalb unmöglich, weil nur die allerwenigsten eine Datierung aufweisen; stilistisch sind in einem Zeitraum von mehreren Jahrzehnten kaum Unterschiede auszumachen. Für das Bozner Bild muß jedoch eine Entstehungszeit vor 1772 angenommen werden. Ein Herz-Jesu-Bild in Klausner Pfarrbesitz, das wörtlich der Bozner Vorlage folgt, ist nämlich mit 1772 datiert. Der Hinweis auf das 1772 datierte Herz-Jesu-Bild von Joseph Franz Graß in der Friedhofskirche zum

*Wir haben gesehen und bezeugen, daß der Vater den Sohn gesandt
hat als den Retter der Welt (1 Joh 4,14).
Gnadenbild in der Stadtpfarrkirche von Bozen. Von Karl Henrici, um 1770.
Rückseitig sind die Initialen des Stifters Franz Xaver Knoll angeschrieben.*

Heiligen Blut in Elbach belegt den Henrici-Typus gleichzeitig in Bayern. Die Unterschrift bringt die deutsche Übersetzung des in Bozen in Latein gegebenen Spruches: *»Diß Vaterherz, mensch, schenk ich dir / versagest du daß deine mir?«* In Bozen ist das Zitat aus dem Buch der Sprüche vom versilberten Rahmen abzulesen: *Praebe Filimi Cor tuu(m) / mihi* (Gib mir dein Herz, mein Sohn). Im 19. Jahrhundert wurde die Inschrift an den Herz-Mariä-Darstellungen auch für die »Töchter« umgeschrieben, so in Vöran und Lappach (*»Gib mir dein Herz, meine Tochter. Spr 23,26«*). In Vinschgauer Privatbesitz wird eine Herz-Jesu-Darstellung gehortet, die aller Wahrscheinlichkeit nach überhaupt zu den frühesten figuralen Herz-Jesu-Darstellungen in Tirol gehört: Der mit der Dornenkrone gekrönte Christus weist auf sein brennendes Herz, an dem in goldenen Lettern »AMOR« angeschrieben ist. Eine gleichzeitige Darstellung findet sich am Nothelferaltar in der Latscher Spitalskirche.

Eng mit dem Vorsatzbild Henricis ist jenes des Herzens Mariä verbunden, eine Stiftung der Maria Anna von Welz geb. Gumer. An der Rückseite trägt es neben der Datierung 1774 die Signatur Karl Henricis. Maria ist als Brustbild gegeben, ihr Haupt umgibt der Sternenkranz, mit der Rechten weist sie zum vor der Brustmitte erscheinenden Herzen, in der Linken hält sie die Lilie. Lilie und Sternenkranz sind dem Typus der Immakulata entnommen, was durch den Titel des *»Unbefleckten Herzens Mariä«* gerechtfertigt erscheint. Der Gedanke an eine Verehrung des Herzens Mariä taucht erstmals im 13. Jahrhundert auf. Mechthild von Hackeborn hatte im 13. Jahrhundert erstmals visionär den Auftrag erhalten, auch das Herz Mariens zu verehren. Johannes Eudes (1601–1681), der maßgeblich auf die Mystik Margaretas einwirkte, betrachtet erstmals das Herz Mariä als Abbild des Herzens Jesu. In Tirol fehlen jedoch frühe Darstellungen. Ein Andachtsbildchen aus der Zeit um 1750 (Slg. Tschol) reiht neben das von der Lanze durchbohrte Herz Jesu jenes Marias, das vom Schwert der Weissagung Simeons durchstochen wird. Maria tritt gewissermaßen als Miterlöserin auf, beide Herzen liegen unter dem Querbalken, an den Balkenenden sind Hände und Füße Christi angebracht, deren Blut den Armen Seelen zufließt. Der Gedanke der Miterlöserschaft Mariens dominiert nicht in der Monumentalmalerei, sondern in der religiösen Andachtsgraphik. Nicht immer wird dabei Christus der erste Platz eingeräumt (heraldisch rechts), so in den *»Petra deserti«* des Theobald von Konstanz.

Daß spätestens ab 1770 figurale Darstellungen beider Herzen als Pendants gegenübergestellt wurden, belegen die *»zwey Täfelen, Hertz Jesu und Hertz Mariä von Klosterfrauenarbeit«* im Nachlaßinventar des Brunecker Dekans Josef Matthias von Ingram. In Bozner Privatbesitz liegen die von Kassian Pockstaller 1781 ausgeführten Tafeln beider Herzen (Abb. Schlern 1957, 300). Beide wiederholen die Henrici-Tafeln in Bozen, allerdings mit geringfügigen Abweichungen. Dieser Umstand ist deshalb von Interesse, als damit eine größere Ausstrahlung der Henrici-Typen vor dem landständischen Gelöbnis von 1796 nachgewiesen ist. Henrici-Bilder sind hauptsächlich in Süd- und Osttirol zu finden.

*Dann wird jeder Sterbliche sehen, daß ich, der Herr, das Feuer entfacht habe (Ez 21,4).
Kopie nach Karl Henrici, wohl von Joseph Schelzky. Um 1800. Perdonig, Pfarrkirche.*

Herz Jesu und Eucharistie

Die Überlappung des Herz-Jesu-Gedankens mit dem eucharistischen Christus läßt sich schon im Spätmittelalter notieren. Der Bildtyp des Gnadenstuhls wurde seit dem 12. Jahrhundert auch an den Kanonblättern im Missale verwendet, als eucharistisches Gottesbild versinnbildlicht die »Not Gottes« am Schnatterpeckaltar in Lana das »Te igitur« im Meßkanon. Es findet ein Opfertausch statt: Der Priester opfert Gottvater die Hostie, die dieser als den Leib Christi gegenschenkt. Der »Opfertausch« in der Messe befruchtet den »Herzenstausch« im Herz-Jesu-Kult. Der Bildtyp der Gregorsmesse wurde im Spätmittelalter vorwiegend durch die Kartäuser verbreitet. Zumeist sind es Votivbilder, die die Christusvision des Papstes Gregor (seltener des hl. Martin von Tours) zum Inhalt haben. Papst Gregor I. war während der Meßfeier Christus erschienen, um seine Gegenwart in der Hostie zu

Gnade sei mit euch und Friede von Gott, unserem Vater, und dem Herrn Jesus Christus (1 Kor 1,3). Dreifaltigkeitsdarstellung mit Schmerzensmann, der eine Hostiencustodia vor seiner Brust hält. Holzschnitt von Lukas Cranach dem Älteren.

beweisen. Der Berührungspunkt zur Herz-Jesu-Frömmigkeit liegt in der blutspendenden Herzwunde des Erscheinungsbildes (vgl. Holzschnitt des I. v. Meckenem). Der Blutstrahl fließt häufig in den Meßkelch, oft über eine Armen-Seelen-Darstellung. Zudem fokussieren in der Gregorsmesse eucharistische Frömmigkeit und Passionsandacht. In Tirol fand das Thema Einlaß selbst in entlegenen Dorfkirchen (St. Cyprian in Sarnthein, Dietenheim, Pians). Einen weiteren auffälligen eucharistischen Bezug bringt ein Holzschnitt Lukas Cranachs: In der Trinitätsdarstellung aus dem »*Hortulus animae*« trägt der Leidenschristus eine Hostiencustodia vor seiner Brust.

In der barocken Herz-Symbolik wurzeln die herzförmigen Hostiengehäuse an den Monstranzen, die man verstärkt ab dem späten 17. Jahrhundert antrifft. So schuf Anton Kuprian 1690 für die Pfarrkirche von Kaltern eine Festtagsmonstranz mit herzförmigem Ostensorium. Das Herz liegt im Schnittpunkt der himmlischen

*Wer mein Fleisch ißt und mein Blut trinkt, hat das ewige Leben,
und ich werde ihn auferwecken am letzten Tag (Joh 6,54).
Abendmahlsdarstellung mit den auf den Tellern der Apostel bereitliegenden Herzen.
Anfang 19. Jahrhundert. Franziskanerkloster Innichen.*

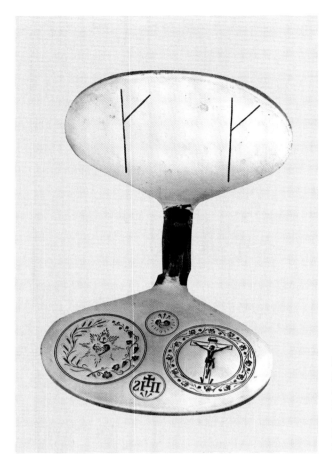

Das Brot, das Gott gibt, kommt vom Himmel herab und gibt der Welt das Leben (Joh 6,33).
Hostieneisen mit Herz-Jesu-Symbol, das an den Rückseiten von Laien- und Priesterhostien aufscheint. Ende 19. Jahrhundert. Tanas, Pfarrkirche.

und irdischen Dreifaltigkeit. Bestimmend bleibt der Gedankenkreis von Liebe und Passion Christi im Geschenk der Eucharistie. Kniende Engel halten die Waffen Christi. An der Festtagsmonstranz von Gries umgeben Rebenranken das herzförmige Hostiengehäuse. Die in das Herz eingeschlossene Hostie steht im Programm für die zweite göttliche Person, die konsekrierte Hostie bezeichnet das vollwertigste »Herz-Jesu-Bild«. Die Symbolik des herzförmigen Gehäuses fällt als Novum erst dann auf, wenn man ihm die zylindrischen Gehäuse der Spätgotik (noch die mittelalterliche Reliquienkapsel) oder die zumeist runden (Symbol der Allgewalt Gottes) oder vierpaßförmigen des Barock gegenüberstellt. Häufig findet sich die Herzform an Kreuzreliquiemonstranzen. In einer gewissen Regelmäßigkeit ist das symbolische Herz Jesu an den Hostieneisen des 19. Jahrhunderts angebracht, so in Tanas, wo an der Priesterhostie das Herz Jesu im Strahlenkranz von Ähren und Traubenranken umschlossen wird, an der kleinen es mit dem Dreinagelmotiv die Rückseite belegt.

Wer in mir bleibt und in wem ich bleibe, der bringt reiche Frucht; denn getrennt von mir könnt ihr nichts vollbringen (Joh 15,5). Eucharistische Monstranz mit herzförmigem Lunulagehäuse. Um 1700. Pfarrkirche Sankt Augustin in Gries.

Im Spätbarock häufen sich die Symbole der Herzen Jesu und Mariä an den Sakramentsfähnchen, die bei den theophorischen Prozessionen vor dem Fronleichnamshimmel getragen werden. Dort stehen sie neben der Darstellung Christi als Guter Hirte, neben Maria als »*Pastrix bona*«, der szenischen Darstellung des Abendmahls, der Emausbegebenheit und seltener neben alttestamentlichen Typen für das Meßopfer. Eine in Innichner Klosterbesitz befindliche Leinwandtafel bringt die Verquickung von Abendmahl und der Herz-Thematik anschaulich zum Ausdruck: Den Aposteln sind brennende Herzen auf ihre Teller gelegt, nur jenes des Verräters wird vom Teufel geholt. Das »Mahl der Liebe« findet seinen sichtbaren Ausdruck. Als Bild der Liebe Christi dienten die vor allem in Nonnenklöstern des Bodenseeraumes angesiedelten Christus-Johannes-Gruppen, geschnitzte Bildwerke mit dem an der Brust Christi ruhenden Lieblingsjünger. Als Predigtbeispiel, das von der engen Verbindung von Herz und Eucharistie spricht, sei P. Franz Dolfins Andachtsbuch von 1735 zitiert, wo gesagt wird, Christus habe der Mystikerin

Wer dem Herrn vertraut, den wird er mit seiner Huld umgeben (Ps 32,10). Ziboriummäntelchen mit Herz-Jesu-Symbol. Um 1900. Mölten, Pfarrkirche.

Margareta Maria sein Herz »*in der heiligen Hosty*« gezeigt (vgl. Coreth, 203). Die Hostie in der Monstranz bleibt für P. Dolfin die im Glauben erschließbare reale Darstellung des brennenden Herzens Jesu. Das spätbarocke Vorsatzbild in St. Michael in Gnadenwald lehnt sich an die Bozner Henrici-Komposition an, bringt aber als Abweichung den Zeigegestus an der rechten Hand und die mit IHS beschriftete Hostie am brennenden Herzen. Es ist dies eine seltene Ausnahme, die wieder den eucharistischen Gedanken an das Herz Jesu bindet.

Der enge Bezug zur Eucharistie kulminiert um die Jahrhundertwende. An einem bei Carl Mayer in Nürnberg verlegten Andachtsbildchen (Slg. Tschol) knien zwei Engel unter den beiden Herzen in Strahlenkranz. Der beigelegte Text ist dem eucharistischen Gruß angelehnt: *Hochgelobt seien die allerheiligsten Herzen Jesu und Mariä*. An einem um die Mitte des 19. Jahrhunderts bei Dreselly in München verlegten Bildchen (Slg. Tschol) knien zwei Engel unter einem Feuerkranz, in den das Auge Gottes mit der Heiliggeisttaube, die beiden Herzen und darunter (!) der auf einen Puttenkopf gestellte Hostienkelch aufscheinen. An einem kolorierten Andachts-

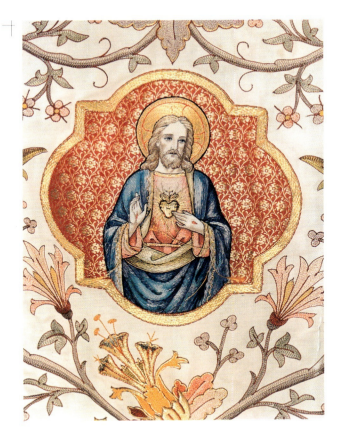

Deshalb schlägt mein Herz für ihn,
ich muß mich seiner erbarmen
(Jer 31,20).
Brustbild des segnenden Herzens Jesu
an der Cappa eines Rauchmantels.
Um 1920. Wolkenstein, Pfarrkirche.

bildchen (Slg. Tschol) aus der Käslischen Lithographieanstalt in Altdorf (CH) wird das Symbol des Herzens Jesu in Verbindung gebracht mit dem Pelikan, um dessen Nest sich die Schlange der Versuchung ringelt. Leidenswerkzeuge weisen auf die Passion hin. Dasselbe Motiv findet sich bei J. C. Müller in Würzburg. An anderen ist der Pelikan durch das Osterlamm ersetzt. Bei Benziger in Freiburg erschien ein Bildchen mit dem zu Füßen des Kreuzes liegenden Lamm, am Kreuz liegt das Herz-Jesu-Symbol. Geradezu der Gipfel einer gefühlsbetonten Darstellungsweise des Symbols wird in den bei L. Turgis in Paris hergestellten Andachtsbildchen erreicht, wo im aufgeschnittenen Herzen Leidenswerkzeuge sichtbar werden (Beitext: *Das Herz Jesu ist die Quelle aller Reinheit. Aus ihm fließt der Wein, der Jungfrauen hervorsprosst*) oder sich in Lilien nistende Tauben finden (Beitext: *Das Herz Jesu ist ein Zufluchtsort. Die unschuldige Seele schlägt in demselben ihre Wohnung auf und ist sicher vor jeder Gefahr*). Das Herz Jesu als Paradebeispiel der Herzensfrüchte tritt an einem Andachtsbildchen aus der Lithographischen Anstalt von Lusser und Jauch in Altdorf auf (Slg. Tschol). Als Früchte treten im Imperativ auf *Glaube, Hoffe, Bereue,*

Bete an, Opfere auf, Sei barmherzig, Sei wachsam, Demüthige dich, Danke, Verlange, Liebe. Vom menschlichen Herzen als »*Prinzip und Quelle*« der Tugenden und Gefühle sprach P. Croiset 1726 in seinem in Rom erschienenen »*De cultu sacrosanctae Cordis Dei et Domini Jesu Christi*«.

Das 19. Jahrhundert

Wenn auch 1856 bei der offiziellen Einführung des Herz-Jesu-Festes die isolierten Darstellungen des Herzens Jesu an den Altarbildern durch die Ritenkongregation verboten wurden, so zeigte man sich vom Verbot in Tirol wenig beeindruckt, da nach wie vor das Symbol des Herzens Jesu an den Rückseiten vor allem weißer und roter Kaseln, manchmal im Zusammenhang mit einer Arma-Christi-Konzeption, an Altarauszügen, an Ziboriummäntelchen, Tabernakeltüren, Hostieneisen, Monstranzvelen, Sakramentsfähnchen, Fronleichnamshimmeln u. a. m. wiederkehrt. Der Flut an symbolischen Herz-Jesu-Darstellungen im sakralen Bereich entspricht eine schier unüberblickbare Fülle an Varianten und Typen in der Andachtsgraphik. Unter Papst Pius IX. wurden Bildchen mit dem Symbol des Herzens gedruckt, die nach dem persönlichen Wunsch des Papstes als Amulett getragen werden sollten: »*Möchte Allen, welche das Bild dieses anbetungswürdigen Herzens bei sich tragen, der böse Feind in keiner Weise schaden*« (Slg. Tschol).

Das Spätbarock kannte, wie oben aufgezeigt, vornehmlich das Brustbild des Herzens Jesu, das als Vorsatzbild seinen Platz an den Seitenaltären hatte. Nach der Festschreibung des Herz-Jesu-Festes im liturgischen Kalender tauchen verstärkt die ganzfigurigen Darstellungen Jesu mit dem sichtbar gehaltenen Herzen an der Brust an den Seitenaltären auf. Frühe Vorformen sind bereits um 1800 verbreitet. Das 1815 entstandene Seitenaltarblatt von Antonio Pittori in der Kirche zum leidenden Heiland in Schmieden (Prags) folgt der Vorlage von Thomas Christian Winck (1738–1797): Christus weist auf das von ihm gehaltene Herz, während ein Engel ein Kind (= Seele) Christus zuführt. Nach der Mitte des 19. Jahrhunderts werden bevorzugt Herz Jesu und Herz Mariä (auch Dolorosa) zu Seitenaltarpatronen, so in der Innsbrucker Hirschangerkirche (Altäre in Missian), in Gramais, Pfafflar, St. Leonhard in Defereggen, Reischach, Bozen, Eggen, Andrian, Marling, Niederdorf usw. Einzelne Herz-Jesu-Altäre besitzen die Kirchen von Arzl im Pitztal, Fließ bei Landeck, Hopfgarten, Ischgl, Ried im Zillertal, St. Leonhard im Pitztal, Oberinn und Gummer. Von den in das 19. Jahrhundert fallenden Kirchenneubauten wurden mehrere dem Herzen Jesu geweiht, so Sirmian, Franzensfeste, Teis, Tanas, Aschbach, Rabenstein, die Kirche der Englischen Fräulein in Meran, die Pfarrkirche von Branzoll, die Jubiläumskirchen von 1896 in Bozen und Innsbruck, und zuletzt die Kirchen von Corvara, Siebeneich und Gargazon.

An den Seitenaltarbildern tritt das Herz Jesu in der Regel stehend in segnender Haltung auf, Abweichungen davon entstehen im späteren 19. Jahrhundert, als Dominikus Trenkwalder das thronende Herz Jesu bevorzugt, ein Typus, der den

Mit ewiger Liebe habe ich dich geliebt, darum habe ich dir so lange die Treue bewahrt (Jer 31,3). Kreuzaltar in der Pfarrkirche von Unterinn. Am Türchen des Gründonnerstagstabernakels scheint das Herz Jesu auf. Von Bildhauer Franz Haider in Bozen, 1887.

Denn ich, der Herr, bin dein Gott, ich, der Heilige Israels, bin dein Retter (Jes 43,3).
Herz-Jesu-Statue zwischen Engeln mit den Leidenswerkzeugen. Von Bildhauer Burgi in Lana, 1867.
Mölten, Pfarrkirche.

Christ-Königsgedanken und das eschatologische Christusbild berührt. Einen Höhepunkt erfährt das in der Herrlichkeit thronende Herz Jesu am Apsismosaik der Meraner Herz-Jesu-Kirche, eine Arbeit von J. Pfefferle in Zirl. Vom Herzen geht ein goldenes Strahlenbündel aus, das die Weltkugel illuminiert. Alois Winkler übernimmt an den beiden Herzensaltären in der Bozner Stadtpfarrkirche den von Engeln mit Leidenswerkzeugen begleiteten thronenden Christus. Engel mit den Arma Christi flankieren das Herz Jesu am Hochaltar der Möltner Pfarrkirche. Zu den früheren Altarblattkompositionen gehören das frühere Lateralblatt in Reischach (hier verehrt von Maria und Josef) und die Altarbilder von Anton Psenner in Andrian und Eggen. In Andrian hält das Herz Jesu seine Segenshände auch über die Dorfansicht mit weißen und roten Weintrauben. Das stehende Herz Jesu zwischen den knienden Maria und Josef findet nach der kolorierten Druckbildchenvorlage aus dem Verlag Benzinger rasche Nachfolge (Text: *Wir geloben stets aufs neue, Jesu Herz, dir ew'ge Treue*). Umsetzungen in den Retabelbau finden sich in der Leonhardskapelle von Meran und in der Herz-Jesu-Kirche von Tanas. Am Bildchen ist das Kirchenvolk gezeigt, es fehlt der Adel, es überwiegt zahlenmäßig die Geistlichkeit.

*Herr, du hast die Sehnsucht der Armen gestillt, du stärkst ihr Herz und hörst auf sie (Ps 10,17).
Interieur der Herz-Jesu-Kirche in Rabenstein/Passeier. Der Altar entstand in der Werkstatt
von Josef Wassler in Meran, 1891.*

Gib mir dein Herz, mein Sohn, deine Augen mögen an meinen Wegen Gefallen finden (Spr 23,26). Jesus zeigt der vom Schutzengel begleiteten Seele sein Herz. Altarblatt in Schmieden. Nach einem Gemälde von Th. Winck. Vom Maler Antonio Pittori, 1815.

Für den Hochaltar der von den Redemptoristen initiierten Innsbrucker Herz-Jesu-Kirche schuf Winkler die Skulptur des stehenden Christus mit weit ausgebreiteten Armen. Das etwas früher entstandene Herz Jesu in Bozen hält gleichfalls einladend die Arme geweitet. Am Andenkenbildchen an die Kirchweihe am 28. Mai 1898 wurde als Motiv das Batoni-Bild gewählt, da Winklers Plastik erst 1901 entstand. Mit ausgebreiteten Armen malte um 1820 Josef Renzler das für den Mumelteraltar (Bozner Prozessionsaltar) bestimmte Herz Jesu. 1899 schuf Josef A. Untersberger für die Innsbrucker Hofkirche ein Herz Jesu mit erhobener Segenshand, die Linke bleibt zum Betrachter gerichtet. Parallelen finden sich in den wenig älteren Typen des Abendmahlschristus. Das segnende Herz Jesu wiederholt mehrfach Johann Hintner aus Gsies.

Ein Brustbild des Herzens Jesu von Franz Hellweger ließ die Leo-Gesellschaft in Wien in der Lithographischen Anstalt Haufler Schmutterer 1900 als Farbbild

Dann gebe ich ihnen ein verständiges Herz und Ohren, die hören (Bar 2,31). Herz Jesu mit anatomisch korrekter Herzstellung, von Franz Hellweger. Pens, Pfarrkirche.

drucken. Das vor der Spitzmandorla auf Wolken stehende Herz Jesu mit der erhobenen Segenshand, wie es am Seitenaltar in Reischach auftritt, wurde von der Lithographischen Anstalt Johann Kravogl in Innsbruck gedruckt. Bei Felician Rauch erschien ein Andachtsbildchen mit dem vor der Mandorla stehenden Herz Jesu mit ausgebreiteten Armen, eine Bilderfindung des P. Molitor (Slg. Tschol). Unter den üblichen Passionsdarstellungen sind in den Andachtsbildchen der Kreuzträger und das Ecce homo mit dem applizierten Herzen zu finden (Kunstanstalten Josef Müller, München). Das kreuztragende Herz Jesu geht auf einen Kupferstich von J. M. Stöckler um 1740/50 in München zurück. Die Beischrift fordert zur Kreuzesnachfolge auf: »*Nehmet mein Joch auf Euch und lernt von mir, denn ich bin sanft und demütig von Herzen*«. Josef Bachlechner schuf für das Canisianum in Innsbruck einen Crocifisso vivo mit dem durchbohrten Herzen vor der Brust. Der Gekreuzigte mit dem in Metall applizierten Herzen tritt bereits noch im 17. Jahrhundert auf. Der

*Befrei mein Herz von der Angst
(Ps 25,17).
Herz Jesu als ewiger Hoherpriester.
Aus der Hirschangerkirche in Innsbruck,
um 1860. Wohl von Franz Hellweger.
Missian, Sankt Apollonia.*

Bestand müßte diesbezüglich erst noch gesichtet werden. Seltener ist es der Gute Hirte, an dem das Herz sichtbar gemacht wird (Stahlstich von J. N. Teutsch in Bregenz), häufiger schon der Abendmahlschristus. Die Beuroner Kunst zeigt das Herz Jesu durchweg in priesterlicher Gewandung in einer weißen Kasel (vgl. Altarbild in Missian), auch als Guten Hirten (K. Beuron 1021) und als Redemptor mundi (K. Beuron 1037). Unter dem Pontifikat von Pius X. gedruckte Bildchen zeigen Leonardos Abendmahlschristus mit dem hinzugefügten Herzen (Verlag der Kinderfreundanstalt Innsbruck).

Das Herz Jesu der Sr. Faustine fand in der Monumentalmalerei kaum Nachfolge, eher schon in der Druckgraphik. Das »*Meer von Gnaden*«, die vom Herzen Jesu ausgehen, sind in zwei breiten Strahlenbündeln angezeigt. Formal liegt das von I. Grader in Innsbruck lithographierte Herz Jesu (Slg. Tschol) zwischen den Kompositionen Batonis und Henricis. Das Herz ist relativ hoch, etwas unter dem

Denn ich bin gütig und von Herzen demütig (Mt 11,29). Segnendes Herz Jesu mit den Passionswerkzeugen im Hintergrund. Am Gewandsaum ist das Zitat aus Mt 11,29 angeschrieben. Von Franz Hellweger, 19. Jahrhundert. Kaltern, Pfarrkirche Maria Himmelfahrt.

Halsansatz appliziert, die rechte Hand öffnet sich im Hodegetria-Gestus, die linke liegt an der Brust.

Die anatomische Richtigkeit des applizierten Herzens spielt gewiß eine untergeordnete Rolle. Es dominieren die Darstellungen mit der zentralen Positionierung, nur wenige Christusbilder bringen das linksseitige Herz, so die Arbeiten von Franz Hellweger in Sexten und Niederdorf oder die Vorsatztafel von Caspar Jele in Pens.

Es sind vor allem die stehenden Christkindlein, die einerseits für den Hochaltar in der Zeit nach Dreikönig bestimmt waren, andererseits auch bei der Feier der Erstkommunion zum Einsatz kamen, die über dem langfallenden zumeist roten Kleid ein geschnitztes Herz tragen; die eine Hand erteilt den Segen, die andere weist auf das brennende Herz (so an einem Beispiel aus Niederrasen).

In Anlehnung an den Immakulatatyp der Wunderbaren Medaille entstand im Verlag Carl Mayer und bei Jg. Lienhart in Wien ein auf der Weltkugel stehendes

Mein Herz ist bereit, o Gott, mein Herz ist bereit, ich will dir singen und spielen (Ps 57,8).
Vorsatzbild mit dem Herzen Mariä nach der Vorlage Henricis in der Bozner Pfarrkirche. Um 1800. Jenesien, Pfarrkirche.

Herz Jesu, von dessen Herz, Händen und Füßen Gnadenstrahlen ausgehen (gezeichnet von H. Müller). Als Erfinderin ist Clementine Russ ausgewiesen. Im ebenfalls reichen Erscheinungsspektrum des Herzens Mariens werden großteils die Typen des Pendants übernommen: Vorwiegend ist es das Brustbild mit Herz und Lilie, die Immakulata, die Pietà, die Dolorosa, die Rosenkranzmadonna (so die Wandermuttergottes von 1954). Konkret wurde in Italien der Batoni-Typ auf Maria übertragen. Die frühe Form des Herzens Mariä von F. X. König für St. Michael in Salzburg appliziert bloß die Herzen an Maria und das Christkind. Zu den frühen symbolischen Darstellungen Tirols zählt ein 1747 datierter Scherenschnitt mit dem von einem siebenblütigen Rosenkranz umgebenden brennenden Herzen, auf das sich die Heiliggeisttaube herabläßt (Slg. Tschol). Die Blüten sind rückwärts mit den Buchstaben M A M H M A H beschrieben, am Herzen finden sich die Buchstaben P: P: M. V. Nach 1832 orientieren sich die Herz-Mariä-Darstellungen häufig an der

Der Herr ist meine Kraft und mein Schild, mein Herz vertraut ihm (Ps 28,7).
Herz Mariä mit dem vom Schwert durchbohrten Herzen. 19. Jahrhundert.

Vorlage Unserer Lieben Frau vom Siege in Paris. Mit Approbation des Brixner Ordinariats erschien 1868 bei Kravogl in Innsbruck ein Gebetsblatt mit den heiligen drei Herzen: Über das brennende Herz Josefs ist eine Lilie gelegt, auf das Motiv der Compassio wurde verzichtet. An einer Seitenaltarmensa in der Pfarrkirche von Sterzing hat dieses Motiv eine Wiederholung gefunden. Wenig nach der Mitte des 19. Jahrhunderts kam es zur Errichtung mehrerer Herz-Mariä-Ältäre, so in der Haller Schulkirche, in den Pfarrkirchen von Rum, Ischgl, Götzens und Klobenstein. Häufig sind beide Herzen in den Kirchenfenstern zu finden, so in Mühlen bei Taufers i. P., in der Pfarrkirche von Gries, in St. Justina in Vergein, in St. Veit in Defereggen und in Zöblen.

Die Bündniserneuerung 1896 war begleitet von Kirchen- und Altarneubauten. 1906 schuf Josef Bachlechner für die Nikolauspfarrkirche in Innsbruck den Lateralaltar. Während an den Flügeln Tiroler Heilige aufgereiht sind, sind es im

Schrein die Tiroler Stände, das den Schwur an das Herz Jesu tut »*Jesu Herz dir ewige Treue*«. Liest man den Altar in der Vertikalen, ergänzen das Kruzifix im Gesprenge und die Abendmahlsdarstellung mit der inkludierten Christus-Johannes-Gruppe die Jesus-Darstellung des Schreines. Bachlechners Altäre in Kauns wurden motivlich in Marling übernommen. Von Bachlechner stammen weiters ein Relief in der Martinskirche von Innervillgraten, eine Statue in Hollbruck, ein geschnitztes Brustbild in Sarnthein und eine Prozessionsstatue in Sexten. In der Innsbrucker Klosterkirche zur Ewigen Anbetung wiederholt das 1904 entstandene Ölbild von A. Maria von Oer, die auch das Herz-Jesu-Bild für die Herz-Jesu-Kirchen von Mutters schuf, die stehende Herz-Jesu-Statue Winklers. Die mittlerweile zerstörte Inschrift leutete »*Kommet alle zu mir – ich will euch erquicken*«. Das Zitat aus Mt 11 findet sich häufig als Einladungsspruch an Tympanongestaltungen, so an der Herz-Jesu-Kirche am Sandplatz in Meran oder am Tympanonmosaik der Pfarrkirche von Mölten. Die Herz-Jesu-Tafeln von Franz Hellweger in Kaltern und Brixen bringen am Gewandsaum Christi das Evangelienzitat: *Discite a me quia mitis sum et humilis corde* (Lernt von mir, denn ich bin sanft- und demütig von Herzen).

Ikonographische Aspekte des Tiroler Gelöbnisses

Der politische Aspekt in der Darstellung des Herzens Jesu ist im Bereich der Andachtsbildchen wesentlich geringer als in der Monumentalkunst. Daraus erhellt die Akzeptanz durch breite Schichten, das Bedürfnis völkischer Verehrungsrezeption.

Die Schlacht am Spingeser Berg wird als »*Tirols Rettung*« ausgegeben. In Wolken verehren Engel das Symbol des Herzens Jesu, darunter wird von den Tiroler Landständen das »*Gelobnis zum Bunde mit dem heiligsten Herzen Jesus*« geschlossen. Die Herstellung des Stiches besorgte Fr. H. C. in Brixen bei Carl Mayer in Nürnberg. Die Beischriften sind in Deutsch und Italienisch abgefaßt.

Als die monumentalste politische Verherrlichung ist die Ausmalung der Herz-Jesu-Kapelle beim Sandwirt in Passeier zu nennen, eine Arbeit des Malers Eduard von Wörndle. Hier stehen sich die »*Feierliche Weihe Tirol's dem heil. / Herzen Jesu in Bozen 3. Juni 1796*« und die »*Erneuerung dieses Gelöbnisses durch A. Hofer vor der Berg Isel-Schlacht 24. Mai 1809*« gegenüber. In letzterer tritt Hofer in die Rolle des Mose: Sein zum Himmel gewandten Blick sieht die Halbfigur des Herzens Jesu, der »sein Volk« in der Wolkensäule begleitet. Neben Hofer steht ein Weltgeistlicher, der sozusagen für Aaron steht.

Freiheitshelden von Anno Neun sind in die Kirchenfenster von St. Martin in Passeier eingeschlossen. Die szenische Begebenheit der Franzosenabwehr durch Katharina Lanz (Mädchen von Spinges) findet sich an einem Glasfenster in Spinges. Vor allem in geistlichen Häusern finden sich gerne Darstellungen mit Freiheitshelden in der Nähe von Kruzifix und Herrgottswinkel. Für die Friedhofskapelle von Sarnthein schuf Cassian Dapoz 1920 das Herz Jesu, von Andreas Hofer verehrt. Von

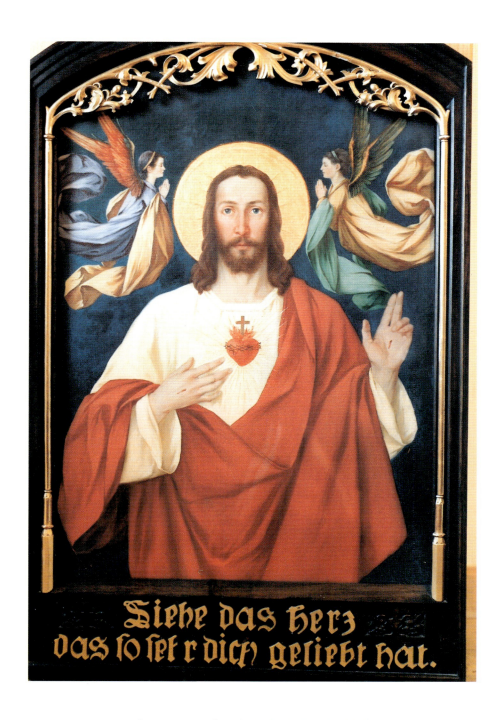

In eurem Herzen herrsche der Friede Christi (Kol 3,15).
Für die Josefskirche von Frangart malte Heinrich Told 1920 das Herz Jesu im Typus
der Beuroner Kunstschule.

Dapoz stammen weiters die Herzen Jesu und Mariä in Blumau. Das Hochrelief von Josef Klieber am Grabmal Andreas Hofer in der Innsbrucker Hofburg stellt die Gelöbniserneuerung am Schlachtfeld vom 24. Mai 1809 vor. Das Gelöbnis der Tiroler Stände führt Josef Mühlmann im Deckengemälde der Kirche der Englischen Fräulein in Brixen von 1851 vor, in den Zwickelbildern sind große Heilige des Herz-Jesu-Kultes zu sehen. Das tirolische Gelöbnis paart sich am Deckenbild der Mühlwalder Pfarrkirche von Heinrich Kluibenschädl (1893) mit der Verehrung des Herzens Jesu durch die hierarchisch gegliederte Amtskirche und die Erscheinung an Gertrud von Nivelles. Die Erscheinung Christi über einer Altarmensa verbindet typologisch mit den Erscheinungstypen eucharistische Wunderbegebenheiten (vgl. Gregors- und Martinsmesse). Das Deckenbild interpretiert die Verehrung als ekklesiales Anliegen, die Anzahl klerikaler Präsenz überwiegt die Vertreter der tirolischen Stände, die Andreas Hofer anführt. Am Auszugsschild des linken Seitenaltars von 1819 in der Pfarrkirche von Kaltern ragt aus dem brennenden Herzen eine Schwurhand hoch. Der umlaufende Text bezieht sich auf den jesuitischen Altarpatron, den Indienmissionar Franz Xaver.

Der von P. Gottfried Hacker herausgegebene »*Tiroler Herz Jesu- und Maria-Kalender für das liebe Volk*« (1888, 1889) bringt am Titelblatt im oberen Teil seitlich von der exponierten Monstranz die Bildnisse der Herzen Jesu und Mariä, darunter verehren männliche und weibliche Vertreter des Tiroler Volkes ohne Klerikerpräsenz die über einer Altarmensa in Wolken von zwei Engeln verehrten Herzen. An den Monatsbildern kehrt die gelebte Herz-Jesu-Frömmigkeit wieder. Der Brixner Veteranenverein stiftete 1891, also 35 Jahre nach der Schlacht von Custoza, in die Wallfahrtskirche von Trens sinnfälligerweise ein Herz-Jesu-Bild als Exvoto.

Herz-Jesu-Darstellung heute

Die Darstellung des Herzens Jesu hat bereits am Beginn des 20. Jahrhunderts eine grundsätzliche Wandlung erfahren, als es zunächst mit dem Typus des Christus als König eine Verbindung eingegangen ist. Am Christkönigbild hängt zumeist auch die Vorstellung von Christus als dem ewigen Hohenpriester. Der Christkönigsgedanke war von Anfang an mit der Weihe der Kirche an das Herz Jesu gebunden. Den Anstoß gab die um 1870 in Paray-le-Monial gegründete Societé du regne social de Jésus-Christ.

Über dem Altar der alten Pfarrkirche von Völs erscheint in neubarocker Manier das Brustbild des Herzens Jesu im Henrici-Typus, von schwebenden Engeln und Putten begleitet (Deckenbilder von Raphael Thaler 1924). In ähnlicher Form brachte nach dem Ersten Weltkrieg Heinrich Told aus Sarnthein sein Herz Jesu für die Josefskirche von Frangart: Hier liegt ausnahmsweise die Rechte am Herzen, die Linke ist im Segensgestus hochgehalten. Der Gesichtsausdruck ist von Ernst gezeichnet. Die Inschrift am Holzrahmen wandelt das Zitat von Joh 3,16 ab: Siehe das Herz das so sehr dich geliebt hat. Dem Gedenken an die Gefallenen des Krieges ist

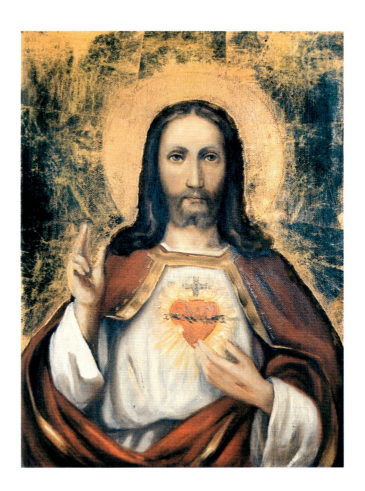

*Euer Herz beunruhige sich nicht und verzage nicht (Joh 14,27).
Segnendes Herz Jesu,
von P. Lukas Fuchs. Um 1920.
Afing, Pfarrkirche.*

das Wandbild von Toni Kirchmayr in St. Leonhard bei Brixen gewidmet: In Wolken erscheint das stehende Herz Jesu, von Engeln und höchstrangigen Heiligen begleitet und von Leonhard verehrt, darunter trauert die Bevölkerung vor der eigenen Bergkulisse um Verwundete und Gefallene. Im Kriegerdenkmal von Fiss (1928) thront Christus als König mit dem vor der Brust sichbaren Herzen, bekniet von zwei Engeln. 1935 malte Johann Baptist Oberkofler in der dritten Kuppel der Jakobskirche von Defereggen die Huldigung der Stände an das Herz Jesu.

Zu einer Synthese zwischen Christus als König und als Herz Jesu kommt es 1938/39 in der Seitenaltargruppe von Hans Buchgschwenter in der Pradler Pfarrkirche: Von den nebenstehenden Engeln fängt der eine mit dem Kelch das Herzblut auf, der andere hält die Krone für den mit einem bis zu den Knöcheln reichem Perizoma gewandeten Kruzifixus. Gänzlich an die traditionelle Darstellung hält sich Rudolf Strasser 1935 bei der Ausmalung der Pfarrkirche von Eyrs (Henrici-

Er erleuchte die Augen eures Herzens, damit ihr versteht, zu welcher Hoffnung ihr berufen seid (Eph 1,18).
Christus vergießt sein Herzblut. Deckengemälde von Wolfram Köberl
in der Pfarrkirche Sankt Georg in Rum, 1966.

Kopie). In die Zwischenkriegszeit datiert ein ungefaßt gebliebenes geschnitztes Herz Jesu in Neustift b. Brixen. Mehrfach wurden nach den Kriegen ex voto Herz-Jesu-Statuen in die Kirchen gestiftet (Heimkehrerchristus), so von Fa. Hölzl 1946 in Andrian (geschnitzt von Valentin Gallmetzer). Die Ausführung oblag zumeist Grödner Holzschnitzfirmen. In Schenna wandte man sich in Kriegsnot an einen barocken Schmerzensmann, der noch heute den Titel »Kriegerchristus« trägt.

1951 malte W. Seelos im Chor der Florianskapelle von Kög bei Reutte das Herz Jesu, 1955/56 schuf Max Spielmann die Herzen Jesu und Mariä als Glasfensterentwürfe für die Pfarrkirche von Münster.

Liebe aber wird in Ewigkeit nicht ausgetilgt, Barmherzigkeit besteht für immer (Sir 40,17).
Gekreuzigter mit angemaltem Herzen. Von Peter Fellin, 1958. Kapelle des Studentenhauses Sankt Georg, Bozen.

Traditioneller Gestaltung folgt die Fassadenbemalung von St. Laurentius in Rentsch bei Bozen von P. Peter Sellemond SSS: Das Herz Jesu wird von Heinrich von Bozen und Johann Nepomuk von Tschiderer begleitet.

Der Plan, die der hl. Theresia von Lisieux geweihte Hungerburgkapelle mit Szenen aus der Herz-Jesu-Litanei zu schmücken, entstand anläßlich des Jubiläumsjahres 1946. Max Weiler arbeitete 1945/46 an den Skizzen, 1946 an der linken und 1947 an der rechten Wand. Heftige Diskussionen unterbrachen jedoch Weilers Gesamtkonzept und ließen eine unfertig ausgemalte Kirche zurück. Für mehrere Jahre mußten die Fresken mit einem Vorhang abgedeckt werden, 1958 wurden sie wieder enthüllt. Theologisch liegt der Herz-Jesu-Darstellung das Zitat aus Kolosser 1, 17 zugrunde: »*Alle Huldigung der ganzen Schöpfung, die beschränkt ist, sammelt sich im heiligsten Herzen Jesu und wird dadurch zu einer der ewigen Majestät Gottes allein würdigen unendlichen Verherrlichung*« (D. Dietrich). Zuunterst findet sich der Satan mit einem Steinblock festgehalten, Zeichen seiner ungeheuren Schuld, unter ohnmächtiger Wut ist er gezwungen, Gott zu verherrlichen. Darüber huldigt das Land Tirol seinem Schöpfer. »*Das Tiroler Land und das Tiroler Volk ist durch seinen einzig in der Welt dastehenden Bund mit dem Herzen Jesu der rechte Repräsentant der ganzen Erde und aller Völker der Erde*«. Das Tiroler Volk wird durch einen knienden Chorherrn (von Wilten, wozu Hötting pfarrlich gehörte) vertreten, der im Gestus mittelalterlicher Dedikationsbilder ein Kirchenmodell hochhält. Das Kreuz umziehen die Planeten Mars, Venus, Jupiter und Neptun als Pesonifikationen. »*Das Herz Jesu ist als Haupt der Schöpfung auch Herr der Sternenwelt, die ihre mächtige Huldigung hineinlegen in das Gottesherz.*« Die Engel sind in ihrem Wesen als »*dienende Geister*« als Ministranten, den Kreuzesbalken stützend, eingebunden. Zuoberst nimmt Gottvater im Königsornat die Huldigung der Schöpfung entgegen, zuallererst das Sühneopfer seines Sohnes in der Hingabe seines Willens: »*Nach dem Schöpfungs- und Erlösungsplane sollte der Mensch gewordene Gottessohn, dessen Innenleben durch das Herz repräsentiert ist, eine unendliche Huldigung und zugleich eine unendliche Sühne dem ewigen Gott durch die blutige Opfertat am Kreuze darbringen*«. Im Bild der »*Herz-Jesu-Sonne*« knien in einer Tallandschaft Männer und Frauen. Über der Gebirgskulisse schwebt in monstranzhafter Gestaltung das symbolische Herz Jesu mit weiter offener Seitenwunde und aufragendem Kreuz über einem von einem ebenfalls im Priesterreigen schwebenden Geistlichen gehaltenen Thron. Die Einbettung des Golgothaereignisses in die Tiroler Ethnie ist keine Erfindung Weilers. Anklänge finden sich bei Josef Bachlechner, für die Predella des Grieser Herz-Jesu-Altars schuf Josef Schneider 1937 die sog. Tiroler Kreuzigung (ehemals in der Pfarrhauskapelle).

Der von Maler Rudolf Szyszkowitz stammende Entwurf eines Herz-Jesu-Fensters für Stams von 1957 bringt den vom Kreuz gelösten Herrn mit dem sichtbaren Herzen, das allerdings im durchflutenden Licht seine anatomische Sichtbarkeit verliert. Die von Maler Richard Kurt Fischer geschaffenen Entwürfe einer Ausmalung der 1925–1928 von Lois Welzenbacher errichteten Herz-Jesu-Kirche in Huben bei Matrei i. O. wurden 1992 von der Ortsbevölkerung abgelehnt. Das Deckenbild im Chor der Pfarrkirche von St. Georg in Rum von Wolfram Köberl zeigt den auf der Weltkugel stehenden Christus mit dem Kreuz, dessen Herzblut ein Engel in priesterlicher Gewandung mit dem Kelch auffängt.

Zu den jüngeren Darstellungen in Südtirol gehören die beiden Kruzifixdarstellungen von Martin Rainer in der Pfarrhauskapelle von Muri-Gries und der Dreifaltigkeitskirche von St. Georgen. Der Crucifixus entspricht weitgehend in beiden Reliefs, die Einfassung wechselt in Bruneck von der runden Scheibe zum Dreieck, um auf das Kirchenpatrozinium der Trinität hinzuweisen. In der rechten Seite steckt die Lanze des Longinus.

Im Auftrag der Katholischen Jugend Südtirols entwarf Heiner Gschwendt 1986 ein Christusbild, einen gekreuzigten König, der von seiner anatomisch korrekt gesetzten Seitenwunde Licht verströmt. *»Aus dem geöffneten Herzen strömt nicht mehr Blut, sondern Licht, das die ganze Schöpfung und den Menschen als Krone der Schöpfung – dargestellt durch die Rose – in Schöntheit erstrahlen läßt, ohne die Begrenztheit, Gebrochenheit, Schuldhaftigkeit zu verdecken«* (H. Gschwendt). Dem Typus des segnenden gekreuzigten Königs entspricht das 1958 gemalte Kruzifix von Peter Fellin in der Hauskapelle des Georgsheims in Bozen: In Christi Mitte ist ein brennendes Herz eingeschrieben. Die in Rottönen geschichtete Farbigkeit des Kreuzes verklärt das Leiden, die ärmellange Tunika erinnert an frühchristliche koptische Kreuzesbilder. Die letztgenannten Beispiele machen deutlich, daß in zeitgenössischen Bildwerken das Bild des durchbohrten Herzen nicht mehr am visonär geschauten barocken Andachtsbild haftet. Der Gekreuzigte mit dem Herz-Symbol und die geöffnete Seite sind nun wieder die eigentlichen Bilder, wenn es darum geht, Christi Herz für die Menschen zu versinnbildlichen. Die nicht selten festzustellende Scheu, das Herzsymbol mit dem Christusbild überhaupt zu vereinen, ist lautes Zeichen einer Inflation des Symbols.

Literatur

R. Berliner, »God is love«, in: Gazette des Beaux-Arts, New York-Paris 1953

A. Coreth, Liebe ohne Maß. Geschichte der Herz-Jesu-Verehrung in Österreich im 18. Jahrhundert, Maria Roggendorf 1994

D. Dietrich, Das neue Herz-Jesu-Bild in der Theresienkirche auf der Hungerburg vom akad. Maler Max Weiler jun. Eine Darstellung zum Kunstwerk, Tyroliadruck o. J.

G. Fabbri, Genesi e diffusione del culto del Sacro Cuore nell'Alto Adige. Aspetti di una singolare iconografia, unpubl. Diss. Bologna 1994

J. Gobel, Der Vorläufer des Bozner Herz-Jesu-Bildes, in: Der Volksbote 1953, Nr. 47, 86

K. Gruber, Herz-Jesu-Verehrung in unserer Heimat, in: Reimmichls Volkskalender 1996, Bozen 1995, 97–116

M. Hartig, Das deutsche Herz-Jesu-Bild, in: Das Münster 2, 1948, 76ff.

F. Hattler, Das historische Herz Jesu Bild. Eine geschichtliche Berichtigung, in: Tiroler Stimmen 1896, Nr. 144

F. Hattler, Über die Herz Jesu Bilder, in: Tiroler Stimmen 1900, Nr. 19, 27, 35

J. Held, Marienbild und Volksfrömmigkeit. Zur Funktion der Marienverehrung im Hoch- und Spätmittelalter, in Frauen, Bilder, Männer, Mythen, Berlin 1987, 35–68

H. Hochenegg, Heiligenverehrung in Nord- und Osttirol, Schlern-Schriften 170, Innsbruck 1965

W. Hofmann (Hrsg.), Luther und die Folgen für die Kunst, München 1983

H. Huber, Zwei Herz-Jesu-Bilder, in: W. Kunzenmann, Tirol, Erbe und Auftrag, Innsbruck 1959

S. Laschnitzer, Die Heiligen der Sipp-, Mag- und Schwägerschaft des Kaisers Maximilian I., in: Jahrbuch der kunsthistorischen Sammlung des allerhöchsten Kaiserhauses, Wien 1887, Abb. 32 (Erentrudis)

H. H. Lauer / L. Hödl, Herz, in: Lexikon des Mittelalters, Bd. IV, Sp. 2187f.

A. Legner, Der Gute Hirt, Düsseldorf 1959

W. Marzari, Dokumentation zum Gelöbnis 1796, Bozen 1995

O. Menghin, Der verschollene Südtiroler Rokokomaler Cassian Pockstaller, in: Der Schlern 31, 1957, 300ff.

H. Niedermeier, Die Herzsymbolik in der Volksfrömmigkeit des Mittelalters, in: Bayerisches Jahrbuch für Volkskunde, Würzburg 1968, 58-64

G. Pallaver, Ein sublimierter Liebesakt. Entstehung und Ausbreitung des Herz-Jesu-Kultes, in: Der Skolast, 32, 1987, 13-16

W. Pfaundler, Gnadenbrunnen in Tirol, in: Festschrift Erich Egg zum 70. Geburtstag, Veröffentlichungen des Tiroler Landesmuseums Ferdinandeum 70, Innsbruck 1990, 199-218

K. Richstaetter, Die Herz-Jesu-Verehrung des deutschen Mittelalters, Regensburg 1924

H. Seidl, Die Reaktion auf neu entstandene Kunstwerke. Eine sozialpsychologische Analyse der schriftlichen Stellungnahmen zu drei kirchlichen Werken. Unpubl. phil. Diss. Innsbruck 1968

A. Sparber, Zur Geschichte der Herz-Jesu-Verehrung in Tirol, in: Der Schlern 1946, 194

K. Thomae (Hrsg.), Das Herz. Eine Monographie in Einzeldarstellungen, Biberach an der Riß, 1966–1969

G. Wacha, Die Herz-Jesu-Kapelle der Linzer Freinbergkirche und die Heiligenkunde, in: JB OÖ. Mus.-Ver. 135, Linz 1990, 231-262

S. Waitz, Das Gedenkbuch der Säcularfeier Tirols im Jahre 1896

G. Welser, Beitrag der Tiroler Kapuziner zur Herz-Jesu-Verehrung, in: Bote der Tiroler Kapuziner 1992, 67-72 Z 1598

A. Walzer, Herz Jesu, in: LCI Bd. 2, 250-254

Abbildungsnachweis

Karl Gruber, Brixen: Seite 39, 45, 83, 95 – Josef Pernter, Bozen: Seite 169 – Max Weiler, Wien, Archiv: Seite 111, 113.

Bundesdenkmalamt, Innsbruck: Seite 49, 107, 168 – Jesuitenkonvent, Innsbruck, Archiv: Seite 87 – Tiroler Landesmuseum, Innsbruck, Bibliothek (Sammlung Tschol): Seite 101, 135 – Tiroler Volkskunstmuseum, Innsbruck: Seite 48, 58, 63, 92, 130, 139.

Aus: The Illustrated Bartsch, New-York-Paris-Zürich, 1974: Seite 31, 77, 78, 79, 128, 131, 148 – Aus: K. Thomae, Das Herz, Biberach a.d. Riß, o.J: Seite 125 – Aus: M. Hartig, Das deutsche Herz-Jesu-Bild, in: Das Münster 2, 1948: Seite 48, 138.

Alle übrigen Aufnahmen von Leo Andergassen.